LE

SIÉGE DE BITCHE

Paris. — Imprimerie Alcan-Lévy, 61, rue de Lafayette.

LE SIÉGE

DE

BITCHE

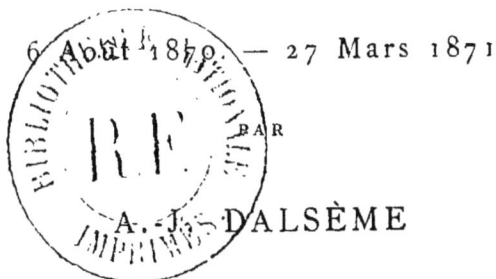

6 Août 1870. — 27 Mars 1871

PAR

A. J. DALSÈME

PARIS

E. DENTU, ÉDITEUR

Libraire de la Société des Gens de Lettres

PALAIS-ROYAL, 17-19, GALERIE D'ORLÉANS

—

1875

Notre patrie mutilée subissait la loi du plus fort; la douleur régnait dans les âmes; accablées sous le poids du présent, incertaines de l'avenir, à peine osaient-elles, à travers les brumes sanglantes qui voilaient l'horizon, sonder l'immensité du désastre. Nous étions à une de ces heures où l'on désespère de tout, même de la patrie.

A cette heure sinistre, cependant, seule au milieu de la tourmente et de l'effondrement, Bitche, — épave glorieuse échappée au naufrage, — Bitche donnait au monde l'exemple de ce que peuvent, pour le salut d'un peuple,

1

le sentiment du devoir, le respect du drapeau, le culte de l'honneur.

Au milieu du glas de nos défaites, ce simple nom : Bitche, résonne comme un coup de clairon.

Sedan, la Révolution, la chute de Metz, la reddition de Paris, l'armistice, la conclusion de la paix, toutes les rumeurs qui accompagnaient ces événements, tous les commentaires qui en étaient la suite, étaient venus se briser contre le stoïcisme des défenseurs de ce dernier rempart de nos frontières.

Quand Bitche a ouvert ses portes, il y avait deux mois déjà que l'armistice avait été signé, un mois bientôt que l'Assemblée nationale avait ratifié les préliminaires de paix.

Parmi les prescriptions relatives aux places assiégées, il en est une qui ordonne aux chefs et à leurs troupes de rester sourds aux nouvelles du dehors. C'est pour avoir su, sans discussion, sans tergiversations, sans compromis d'aucune sorte, s'incliner devant cet article d'un règlement, que Bitche, pendant huit mois, a défié la Prusse. C'est pour avoir sans arrière-pensée et sans calcul obéi aux vrais principes, seuls guides des nations, conservé la foi qui soutient, écouté la conscience, inspiratrice des âmes droites, que ses défenseurs ont conquis une place à part dans les annales de la guerre de 1870-1871.

Cette lutte, si elle a vu surgir bien des incapacités et bien des faiblesses, a été aussi l'aurore de plus d'un héroïsme et de plus d'un haut fait. Malheureusement, quand là lumière a commencé à luire, combien de dévouements étaient presque oubliés!

On parlait avec orgueil de Belfort, de Phalsbourg, de Mézières, dont le Conseil d'enquête sur les capitulations rapportait la belle défense; avidement, on lisait les récits des chefs rendant hommage aux combattants qui s'étaient distingués sous leurs ordres. Mais les batailles qui n'avaient pas encore leurs narrateurs officiels? Mais les forteresses qui, n'ayant point capitulé, échappaient aux pouvoirs du Conseil d'enquête? Pour celles-là, le temps seul pouvait dissiper les doutes.

Eh bien! il faut qu'on sache comment une citadelle laissée presque sans ressources a résisté aux plus effroyables épreuves; comment,

— *exemple unique dans cette guerre unique,* — elle a, *livrée à sa propre initiative, réussi à accroître ses moyens de défense et ses approvisionnements; comment, quand le pays désarmé par un protocole de paix fléchissait devant le vainqueur, elle bravait encore, elle chétive, l'orgueil du conquérant, par quelle série enfin, d'incroyables conjonctures, oubliée dans la convention d'armistice, exclue par un vice de forme des préliminaires approuvés par l'Assemblée, Bitche n'a vu le drapeau français cesser de flotter sur ses murailles que le 27 mars 1871, après une résistance de deux cent trente jours!*

En racontant Bitche, celui qui écrit ces lignes se console d'avoir raconté Metz.

Pourquoi ne pas le dire, au surplus? Metz a fourni à l'auteur l'occasion de connaître la vérité sur Bitche.

Il se livrait, dans le Petit Journal, *à une étude que la sympathie des lecteurs accompagnait; des communications lui parvenaient, les unes confirmant des faits à sa connaissance, les autres apportant des indications nouvelles, tout à fait étrangères, parfois, à la question qu'il traitait.*

Parmi les renseignements qui nous étaient ainsi adressés, figuraient des traits de dévouement, de valeur militaire ou de vertu civique, évidemment destinés à faire, — sous forme de digression, — ressortir davantage la culpabilité du commandant en chef de l'armée du Rhin.

Mais, outre que des digressions n'eussent pu qu'entraver la marche du récit, les faits signalés méritaient, en bien des cas, mieux qu'une allusion rapide ou une mention forcément tronquée.

Et puis, à un écrivain qui se pique d'être exact, est-il permis d'accepter les yeux fermés des rapports de toutes provenances ? La vérité veut être puisée aux sources mêmes, et l'on y doit consacrer un temps et des soins dont il est impossible de disposer quand d'autres devoirs absorbent l'attention. Il fallut donc attendre.

Notre publication sur Metz terminée, nous relûmes en partie les notes dues à la bienveillance de nos correspondants. Parmi ces derniers, un officier distingué que nous avions eu l'occasion de rencontrer chez un ami commun, écrivait : « Je regrette de n'avoir pas eu plus tôt

1.

X

la pensée de vous entretenir de la défense de
Bitche, inconnue jusqu'ici de tous pour des
motifs qui, probablement, seront dévoilés plus
tard. Que de rapprochements n'eussiez-vous pas
mis en lumière ! Sans doute, le sergent-major
Bœltz a fait preuve de beaucoup d'énergie et
d'intelligence à la Petite-Pierre ; le lieutenant-
colonel Taillant a montré, à Phalsbourg, ce
que valent les soldats qui ont blanchi sous le
harnais ; le colonel Denfert a écrit, avec Belfort, sa page dans l'histoire. Mais Bitche,
insouciante ou redoutant les ordonnances militaires, n'a pas encore fait entendre sa voix.
C'est pourquoi nul ne paraît se douter que,
dans notre malheureuse guerre, une seule
place a survécu au naufrage, une seule a
réalisé ce miracle, étant laissée à elle-même,
d'augmenter ses ressources, après avoir sup-
porté trois bombardements... » L'on devine si
ce début excita nos appétits de chercheur.

Après le don divin d'inspirer les actions
d'éclat et la gloire de les accomplir, est-il un
rôle plus tentant que celui de les révéler au
monde qui les ignore ?

D'autres, plus autorisés, eussent pu faire

mieux. Le hasard nous favorisait. Nous renouâmes nos rapports avec l'officier de Bitche ; nous causâmes longuement de ce siège, auquel il avait pris une part glorieuse : nous le laissâmes causer , plutôt, n'interrompant son récit que par les exclamations involontaires qu'appelaient les tableaux qu'il déroulait devant nos yeux.

-

Enfin! dans cette campagne néfaste où le moindre succès devait être acheté au prix de terribles revers, il se trouvait donc plus d'une page vierge de toute souillure !

Un coin de notre France demeurait immaculé ! Une citadelle que le destin avait marquée d'avance pour le sacrifice suprême était restée debout et invaincue, alors que tout autour d'elle un passé orgueilleux s'écroulait avec fracas. Et, comme s'il eût été écrit que notre armée entière devait avoir sa part dans cette résistance, Bitche s'était trouvée défendue par des fractions de troupes appartenant à soixante-douze corps différents.

Certains documents faisaient défaut à notre

narrateur ; nous nous les procurâmes, non
sans difficulté.

Le dossier de Bitche reconstitué, force a été
de dépouiller, classer, coordonner les pièces,
après un contrôle soigneux des faits. Plus nous
avancions dans notre besogne, plus nous nous
passionnions pour cette admirable épopée. Il
est impossible, nous disions-nous, qu'un tel
souvenir demeure éparpillé, sous forme d'archives, dans la poussière de quelques cartons ;
pour l'honneur de l'histoire, il faut qu'il voie
le jour !

Voilà comment a été publié, dans le journal
l'Événement, le récit de ce siége de huit mois,
— récit dont nous considérons comme un
devoir de réunir ici les éléments.

Au lecteur de juger si nous avons été bien
inspiré.

L'AUTEUR.

LE

SIÉGE DE BITCHE

I

Certaines descriptions quelque peu hyperboliques ont représenté Bitche comme un nid d'aigles se perdant vers les nues ; en s'étendant complaisamment sur les facultés de résistance de la petite place de guerre, quelques auteurs l'ont transformée en une citadelle inexpugnable, rivale de Gibraltar : Ceux-là ne connaissaient ni Gibraltar, ni Bitche.

Les chaînes des Vosges et de la Forêt-Noire, arrêtes parallèles entre lesquelles coule le Rhin, sont, au dire des géologues, les culées colossales d'une voûte immense dont le thalweg du fleuve marque l'effondrement. Des deux côtés, en effet, les montagnes sont symétriques et les strates concordantes. En descendant la vallée d'Alsace, ces chaînes, très élevées dans les Vosges du Haut-Rhin, s'abaissent rapidement et ne montrent plus que leur cîme, recouverte d'épaisses forêts.

L'hypothèse de l'effondrement de la vallée d'Alsace explique fort bien pourquoi les pentes montagneuses, abruptes du côté du Rhin, s'inclinent insensiblement, sous forme de plateaux, dans les versants opposés.

La place de Bitche, chef-lieu de canton dans l'arrondissement de Sarreguemines (Moselle), est située presque au faîte des Vosges, dans un enfoncement du versant ouest. Le château date du quinzième siècle, époque où le territoire de Bitche, érigé en comté, dépendait du duché de Lorraine. Il avait pour assises un mamelon oblong, semblable de proportions à plusieurs mamelons voisins dont la plupart le dépassent en altitude. Bien que bâtie sur une éminence, la citadelle se trouve donc, par rapport aux hauteurs environnantes, enfouie dans un véritable bas-fond.

Ces hauteurs faisant comme une ceinture à l'étroit vallon qui s'étend à ses pieds, Bitche n'est plus aujourd'hui, grâce aux pièces à longue portée, qu'un but imprudemment offert aux coups de l'ennemi.

Quatre bastions flanquent, vers les angles, le corps de place très allongé et fort étroit, dont les extrémités sont protégées par des demi-lunes ou têtes, reliées au corps de place par un pont volant au niveau de la plate-forme et par des caponnières, chemins creusés au pied des remparts. Pour compléter la défense, les courtines démesurément longues du corps de place étaient garanties par de petits ouvrages en forme de demi-lune et l'ensemble des travaux par un chemin couvert et un glacis à pente escarpée.

D'énormes caves s'étendent sous la plus grande partie des constructions; presque toutes se relient entre elles par des passages souterrains. Un puits extrêmement profond, entièrement percé dans le roc, fournit l'eau en temps de siége. La quantité d'eau nécessaire pour les besoins ordinaires de la garnison était assurée par trois citernes alimentées par les chenaux des toits.

Au-dessous du fort s'étage la ville, dont un mur crénelé préserve les abords. Un ruisseau, la Horn, la borde dans toute sa longueur et permet d'inonder, dans la direction du Sud, une région de jardins et de champs.

A l'extrémité de la ville, un camp retranché s'étend, de la rampe qui mène aux glacis du château, jusqu'à un fortin avancé, de construction récente.

La campagne boisée qui environne Bitche offre,

au premier abord, un coup d'œil agréable. Mais peu à peu le regard fatigué de la monotonie du paysage n'aperçoit plus que l'aridité de la plaine. Du haut de la plateforme du château, on ne découvre ni une bourgade, ni un hameau, ni la pointe d'un clocher.

Seules, deux humbles habitations dressent au loin leurs maigres silhouettes : l'une s'appelle la « Cense aux Loups, » l'autre porte le nom de « Ferme du Hasard. » Les villages les plus proches sont uniformément enfoncés dans les ravins, au bord des ruisseaux où les hommes ont pu s'abriter et les cultures s'établir.

Bitche, laissée à elle-même, c'est la solitude, l'isolement, l'abandon le plus absolu.

Au début des hostilités, la place était à peine armée. La France se préparait à une promenade triomphale en territoire allemand ; l'éventualité d'un retour de fortune avait été exclue du programme de nos victoires et conquêtes, et Bitche, comme tant d'autres citadelles, ne se trouvait pourvue que d'un faible outillage défensif. Ses embrasures étaient vides, ses remparts veufs de sacs à terre, ses poudres sans abris suffisants.

Située à l'intersection de cinq routes — qui, directement ou par leurs embranchements, conduisent : à Strasbourg par la vallée de Nieder-

bronn ; à Wissembourg ; à Deux-Ponts, Kaisers-
lautern et Mayence ; à Sarreguemines, Saint-
Avold et Metz ; à Sarralbe et Phaslbourg ; — la
place offrait une importance stratégique autrefois
fort appréciée.

La voie ferrée qui la dessert, reliant le Rhin à
la Moselle et Strasbourg à Metz, la désignait
comme un point naturel de concentration, et sa
proximité de la frontière bavaroise, distante de
trois lieues environ, paraissait devoir l'appeler,
dès le début de la campagne, à un rôle prépon-
dérant.

Les avantages que présentait Bitche comme
base d'opérations ne furent que tardivement re-
connus. Quand le 5e corps parvint, après une série
d'ordres et de contre-ordres de l'état-major général, à rallier ce centre, la marche des événements
était trop avancée pour lui permettre de tirer de la
situation un parti favorable. Ordre, contre-ordre :
désordre, dit le soldat.

Dans la matinée du 6 août, le général de Failly
levait le camp pour se porter au secours de Mac-
Mahon. Bitche demeurait séparée de la France,
n'attendant le salut que de sa patriotique initiative
et de l'indomptable énergie du chef à la responsabilité duquel était confiée la place, M. le commandant Teyssier.

Le commandant Teyssier, aujourd'hui colonel
commandant la place de Vincennes, est un de ces
hommes dont la trempe solide défie les plus rudes
coups du sort. Tempérament modéré, esprit judicieux, intelligence cultivée, nature modeste, cœur
loyal, calme dans les conseils, plein de feu dans
l'action, il sait le métier des armes en soldat qui a
passé par chacune des étapes qui mènent aux
grades élevés. Il appartient d'ailleurs à une famille de soldats. Son grand-père était capitaine
au Royal-Champagne et chevalier de Saint-Louis;
son père, lieutenant dans la Grande-Armée et
chevalier de la Légion d'honneur, avait dû,
encore à la fleur de l'àge, être retraité pour blessures graves; il est, enfin, neveu et petit-neveu
d'officiers tués sur les champs de bataille.

Né à Alby en 1821, Teyssier (Louis-Casimir)
partait à vingt et un ans comme jeune militaire
au 21ᵉ de ligne. Lieutenant au début de la guerre
de Crimée, il fut laissé pour mort devant Sébas-
topol, à l'assaut du bastion central. Les Russes le
relevèrent la tête fendue par un éclat de pierre,
la cuisse éraflée par un boulet qui avait emporté
un pan de la tunique, la main droite broyée par un
coup de feu tiré à bout portant. Il était alors capitaine. Décoré à sa rentrée de captivité, il passa,
faute de vacance, au 98ᵉ de ligne.

Nous retrouvons le capitaine Teyssier en Italie, avec ce nouveau régiment ; au combat de Montebello, la poitrine traversée de part en part, il est laissé pour mort. En 1867, il est nommé chef de bataillon au 73ᵉ de ligne. Le 12 mars 1870, il est fait officier de la Légion d'honneur. A la déclaration de guerre, il passe dans l'état-major des places et est envoyé à Bitche.

Toute cette existence militaire, si simple et si digne, peut se résumer par un mot : devoir.

Le commandant de la place de Bitche est, au physique, ce qu'il est moral : droit, ferme, vigoureux, grave dans son maintien, tempéré dans ses gestes et dans ses paroles ; le corps est élancé, la tête maigre, osseuse ; une chevelure à peine grisonnante, drue et serrée aux tempes, encadre le front, haut et légèrement bombé; l'œil grand ouvert, de teinte bleu-faïence, a des reflets métalliques que tempère une expression de profonde bienveillance, expression qui se retrouve sur les lèvres en dépit de la moustache, de coupe toute martiale, dont elles sont ombragées. L'ensemble de cette physionomie est sympathique ; il respire tout à la fois la douceur et la volonté, la bonhomie et le sang-froid, la placidité d'un caractère studieux et réfléchi et les ardeurs d'une vivacité accoutumée à braver le péril.

Un pareil commandant voulait être secondé :
nous verrons bientôt que les lieutenants étaient
dignes du chef.

Un bataillon du 86e de ligne, 800 hommes,
commandant Bousquet, était préposé à la défense
de la citadelle, qu'occupaient déjà 200 douaniers
sous les ordres de l'inspecteur Narrat ; 250 artilleurs de la réserve, capitaines Poulleau, Lair de la
Motte et Lesur, complétaient cet effectif qui allait
s'augmenter, au cours des journées suivantes,
d'un millier d'isolés de toutes armes, pour la plupart débris de Reischoffen, et, un peu plus tard,
d'environ 250 gardes nationaux composant la
milice de la ville.

Les premières heures se passèrent au milieu
d'un désarroi plein de menaces pour l'avenir.
Voitures, fourgons, convois de blessés, fuyards
de l'armée de Mac-Mahon accourant se mêler aux
bagages épars autour de la place, formaient un
encombrement d'autant plus redoutable qu'on s'attendait, d'un moment à l'autre, à voir apparaître
les uhlans, avant-coureurs d'un corps d'investissement.

Il fallait, tout d'abord, mettre Bitche à l'abri
d'un coup de main.

En présence de cette impérieuse nécessité, éclatent la vigueur, la présence d'esprit, la sûreté de

coup d'œil, toutes les aptitudes, enfin, qui faisaient
véritablement du commandant de place l'homme
qu'exigeaient les circonstances. Il entrait à peine
en fonctions. De l'ancien personnel de la place, il
ne restait que le secrétaire-archiviste, M. Brunel,
un garde du génie, M. Guichard, et M. Jourma-
rin, garde d'artillerie. Cependant, en moins de
deux journées, les services sont organisés; un
conseil de défense est formé; la force publique,
représentée par une trentaine de gendarmes sous
la conduite du capitaine Mathieu, rétablit partout
l'ordre, aidée par quelques officiers et des troupes du fort; les *impedimenta* de toute sorte sont
réunis dans le camp retranché que vont occuper
les isolés, dont le difficile commandement est confié au capitaine d'artillerie Lair de la Motte;
M. le capitaine Guéry reçoit la direction du génie;
M. le capitaine Jouart, celle de l'artillerie; M. Simon, adjoint à l'Intendance, celle des approvisionnements; les hôpitaux et ambulances sont placés
sous la surveillance de M. le médecin-major
Lagarde; le fortin du camp retranché est occupé
par une soixantaine de turcos et quelques fantassins de divers corps. Des détachements lancés
dans plusieurs directions ramènent le bétail des
environs, pendant que d'autres transportent au
fort un convoi de vivres et de fourrages emmaga-

siné dans la gare. Trois cent mille francs sont trouvés répartis dans diverses caisses de régiments ; la somme est faible, mais on saura s'en contenter.

Le relevé des subsistances, consistant en farine, viande fraîche ou salée, café, sucre et riz, présente un total qui permettra d'atteindre à la fin de novembre, à la condition, toutefois, que l'on se passera de sel et de luminaire, dont un stock restreint fait prévoir le prompt épuisement. Quant au vin et à l'eau-de-vie, force est d'en supprimer la distribution, les quantités dont on dispose devant à peine suffire aux besoins des malades. Tout au plus semble-t-il possible d'accorder quelques rations d'eau-de-vie aux hommes employés aux travaux extraordinaires.

L'armement de la place et du château comprend en tout 53 pièces, parmi lesquelles figurent des obusiers ancien modèle, des canons de 4 à âme lisse et des mortiers à main. La véritable artillerie, la seule qui puisse entrer en lutte, est représentée par 2 pièces rayées de 24, 6 pièces rayées de 12 et 5 mortiers de 0,27. L'arsenal renferme des fusils à tabatière, avec des cartouches appropriées à ce modèle, un nombre considérable de fusils lisses non transformés et une quantité restreinte de cartouches chassepot.

Par contre, les approvisionnements en poudre
à canon dépassent considérablement les besoins.
L'insuffisance et la mauvaise installation des magasins rend même périlleux cet excédant qui,
ailleurs, pourrait n'être qu'inutile. N'importe;
l'inventaire moral de la défense fournit un résultat
satisfaisant; toutes les énergies sont au niveau de
la tâche; en aucun cœur il n'y a place pour un
sentiment de pusillanimité : on résistera à outrance.

En vain, le général en chef du 5ᵉ corps a-t-il
laissé entendre, en s'éloignant, qu'il serait téméraire de chercher à défendre la ville ; en vain le
maire, vieillard faible et maladif, insiste-t-il en
faveur de cette recommandation, dont la prise en
considération éviterait aux habitants les consé-
quences d'une lutte qu'il envisage comme impossible : livrer la ville serait livrer le fort ; comme
le fort, la ville sera défendue.

II

Le 7 août, les éclaireurs ennemis commencent
à paraître.

De la plate-forme du château, le regard suit
distinctement les évolutions des cavaliers dans la

plaine et le long des pentes qui l'avoisinent. Déjà, à travers les plis du terrain, on aperçoit au loin les soldats à casque de cuir. Quelques vedettes audacieuses s'aventurent jusqu'à portée de fusil; on les éloigne à coups de chassepot.

Le rôle de la défense va commencer.

De grosses reconnaissances s'avancent pour tâter la place; on entend, sur les routes, le trot des chevaux et le roulement des pièces de campagne. Mais ce court laps de temps a été utilisé par les nôtres.

Trois bordées d'une pièce de 24 sont envoyées sur le plus compacte des groupes ennemis. Le premier projectile va tomber un peu en avant, le deuxième en arrière, le troisième au beau milieu d'un demi-escadron de cavalerie qui, laissant sur le terrain quelques hommes et quelques chevaux, fait volte-face et s'enfuit au galop.

Le 8, un officier allemand se présente en parlementaire; il vient demander la reddition de la place :

— Vous savez nos victoires, dit-il; coupés de toute communication, vous ne pouvez tenir contre une attaque sérieuse. Acceptez les conditions que je vous apporte; sortis avec les honneurs de la guerre, vous rejoindrez vos corps respectifs.

Le conseil s'assemble sous la présidence du

commandant de place. Délibèrera-t-il? Non. Devant de telles propositions, il n'y a point lieu de délibérer.

— Allez dire à ceux qui vous envoient, réplique sommairement le commandant Teyssier, que des Français ne se rendent pas sans combattre.

Le témoignage qu'il a reçu, la veille, de la sûreté et de la longue portée du tir de la place, a rendu l'ennemi circonspect. A l'avenir, il ne se risquera plus à découvert. Cependant, entre deux et trois heures de l'après-midi, il commence à pleuvoir des obus sur la place. L'ennemi a démasqué, à 2,000 mètres environ, deux batteries solidement établies, l'une sur la route de Wissembourg, l'autre en bordure de la route de Strasbourg.

Les quelques pièces d'artillerie que le fort a eu le temps de mettre en position répliquent résolûment à cette agression subite. Cette canonnade dure deux heures environ, au bout desquelles les Allemands paraissent hésiter. La vigueur de notre riposte les déconcerte ; il est évident qu'ils ne sont pas en force. Brusquement, leur feu cesse, et un mouvement de retraite très accusé accentue la fin de la démonstration.

Cette démonstration n'aurait-elle eu, de la part des Prussiens, d'autre objet que d'intimider Bitche? Il est permis d'en douter, en présence des renseignements d'espions qui leur représentaient comme une proie facile la citadelle abandonnée à des ressources restreintes. Un détail curieux vient fortifier ce doute.

Après que, durant les journées du 9 et du 10 août, les vedettes ennemies ont continué à battre les routes environnantes, puis ont peu à peu disparu, plusieurs chariots chargés de victuailles viennent, le 11, se faire prendre aux portes de la ville. Leurs conducteurs, allemands, sont interrogés : ils déclarent qu'ils croyaient Bitche au pouvoir de leurs compatriotes.

On questionne les soldats qui, au nombre d'une vingtaine, escortaient le convoi : ils partageaient la même opinion. Soldats et conducteurs sont gardés prisonniers. Prisonniers également deux journalistes de Berlin qui se présentent le 12, s'imaginant entrer dans une cité conquise, et un capitaine bavarois, arrêté sur la route par un paysan.

Un *Te Deum* célèbre le 15 août; les cloches sonnent à toute volée; on crie : *Vive l'empereur!* Pour les soldats de Bitche, ce cri ne représente pas l'expression d'une conviction politique ; il est l'affirmation d'un patriotisme dont nulle épreuve ne refroidira l'ardeur : en acclamant l'Empire, ils acclament la France : ils sont les soldats de la France et non les soldats d'un parti.

La semaine se passe dans l'attente ; nos vedettes ont l'œil fixé sur l'horizon. On suppose à l'ennemi le projet de revenir en nombre. Ce projet recevra-t-il son exécution immédiate ? Les événements du dehors auraient-ils, au contraire, une influence favorable sur le sort réservé à la petite citadelle vosgienne, que les Allemands, en cas de retraite, rencontreraient sur leurs derrières, prête à les harceler au passage ?

Ces questions jettent la place dans une grande perplexité. On a tenté de les résoudre par l'envoi à l'intérieur de plusieurs messagers. Mais les uns rentrent sans avoir réussi à passer; d'autres ne reparaissent plus, notamment le sergent Haltenbürger, du 27e de ligne, fils d'un garde-forestier du pays, que l'on a su, plus tard, être parvenu jusqu'à Metz où l'état-major général le retint pour utiliser ses aptitudes au lieu de le renvoyer à Bitche rapporter une réponse et des encouragements.

Enfin, deux émissaires, plus heureux, reviennent avec quelques renseignements qu'un ordre de la place porte à la connaissance de la garnison :

ORDRE DE LA PLACE
16 août

Officiers, sous-officiers et soldats de la garnison de Bitche,

Le commandant de la place, les officiers de la garnison et la municipalité de Bitche font tous leurs efforts pour avoir des nouvelles de nos armées et pour entrer en relations avec elles.

Ces diverses tentatives, dont plusieurs sont encore en cours d'exécution, n'ont pas toujours été aussi heureuses que nous l'eussions désiré. Aujourd'hui cependant, deux messagers envoyés par l'autorité militaire, l'un à Saverne, l'autre à Phalsbourg, sont revenus ayant atteint le but qui leur avait été assigné, et en rapportent les preuves officielles.

Le commandant de la place de Phalsbourg me fait savoir que cette place a été bombardée par deux fois. Dimanche, 14 août, le bombardement a duré toute la journée, et nous avons pu l'entendre d'ici. Néanmoins la place a résisté, malgré les incendies qui ont détruit près de la moitié des maisons de la ville, sans pertes appréciables pour la garnison et les habitants.

La nouvelle que le drapeau de la France flotte toujours sur la forteresse de Bitche a été accueillie à Saverne et à Phalsbourg avec un grand enthousiasme, et les autorités de ces deux villes ont promis à nos messagers de faire tous leurs efforts pour le faire savoir à la France et à l'empereur.

Le commandant de la place n'a pas de nouvelles assez certaines de l'armée, que l'on suppose devant Nancy, pour vous en faire part.

Le point que nous occupons aura une très grande importance lorsque l'ennemi sera obligé de battre en retraite, car nous sommes admirablement placés pour lui couper une partie importante de ses communications.

Profitons donc du répit qui nous est laissé pour nous préparer à accomplir la tâche qui nous incombera lorsque le moment sera venu.

Les troupes du château ont pour mission spéciale de garder et d'approprier la forteresse à une résistance à outrance.

Les troupes du camp retranché, accidentellement réunies, ont une mission plus active; elles devront se préparer, par des reconnaissances nombreuses et chaque jour répétées, à connaître le pays dans ses moindres détails et les voies de communications jusqu'aux plus petits sentiers.

N'osant passer sous Bitche, l'ennemi a tourné la position par des chemins à peine praticables dans la belle saison. Nous pouvons rendre difficiles et même impraticables ces communications secondaires, et c'est un travail que nous allons entreprendre.

Nous sommes nombreux, et chaque jour il nous arrive des renforts individuels par suite des sorties de l'hôpital et des prisonniers échappés à l'ennemi.

Les vivres et les munitions sont rares : soyons donc sobres dans notre nourriture et économes dans nos munitions, que nous devons conserver avec le plus grand soin.

Les autorités civiles nous ont été d'un puissant secours dans un moment difficile où nous avions tout à la fois à nous organiser et à nous défendre. Elles nous aideront toujours de tout leur pouvoir, j'en ai la certitude; ne nous montrons pas ingrats pour tant de sollicitude et restons unis.

Le Commandant de la place,
TEYSSIER.

Ce mâle langage excite l'enthousiasme des braves soldats dont nos premiers revers, loin d'ébranler la foi, n'ont fait qu'accroître l'intrépide énergie. Il n'en est pas un, toutefois, quelles que soient ses espérances, qui puisse se dissimuler l'imminence d'une agression. C'est donc sans la moindre surprise que, dans la nuit du 22, nos postes avancés entendent sonner au parlementaire.

Deux officiers prussiens sont signalés.

Le lieutenant Ravenel et l'adjudant de place Mondelli sont chargés d'aller les recevoir, de leur bander les yeux et de les introduire auprès du commandant.

L'entrevue est de brève durée : pas plus que la précédente, cette démarche n'a rencontré faveur. Les parlementaires éconduits laissent, en se retirant, une lettre écrite en français, dont nous reproduisons le texte :

Monsieur le commandant,

Vous n'ignorez plus que le cours rapide des événements vient d'atteindre le premier but de la guerre.

La défaite complète de l'armée française, à laquelle nous rendons volontiers l'hommage de la vaillance, a eu lieu à Metz dans les journées des 14, 16 et 18 août, tandis que l'armée du prince royal de Prusse marche victorieusement sur Paris.

Dans cet état de choses, je n'ai pas besoin de vous faire comprendre, monsieur le commandant, qu'il ne serait d'aucune valeur de maintenir la place qui se trouve sous vos ordres.

Les forteresses de *Lichtemberg*, *Lutzelstein*, *Marsal* et autres se sont rendues également et se trouvent actuellement en notre pouvoir.

J'ai donc l'honneur de vous offrir les conditions suivantes, en vertu desquelles la forteresse de Bitche se rendrait aux troupes placées sous mon commandement.

ARTICLE 1er

Toute la garnison sortira de la ville en portant les armes et tambours battant jusqu'à cinq cents pas, vers Niederbronn, après quoi elle mettra bas les armes.

ARTICLE 2

Les officiers, ainsi que toute la troupe, conserveront tous leurs bagages militaires et particuliers, sauf les munitions.

ARTICLE 3

Tous les officiers garderont leurs sabres et se rendront à Reischoffen, où ils pourront circuler librement sur parole d'honneur, jusqu'à ce que Son Altesse le prince royal leur aura accordé la permission de rentrer en France. Cette autorisation sera immédiatement demandée par le télégraphe et comprendra tous ceux qui voudraient s'engager à ne plus porter les armes contre l'Allemagne pendant toute la durée de cette guerre.

ARTICLE 4

Les troupes appartenant à la ligne seront dirigées sur l'Allemagne jusqu'à la fin de la campagne ; pour celles de la garde nationale, l'autorisation sera demandée de rentrer librement dans leurs foyers.

ARTICLE 5

Toute la garnison serait munie des vivres dont elle pourrait avoir besoin, outre ce qui lui reste à l'heure de son départ.

ARTICLE 6

M. le commandant recevra, s'il le désire, une déclaration

en toutes formes quant au maintien honorable de la position militaire qui lui a été confiée, et qui, bien entendu, n'est rendue qu'en vue de circonstances impérieuses contre lesquelles il serait en vain de lutter.

En échange, M. le commandant promet de délivrer, sans exception, tous les matériaux de guerre se trouvant dans la forteresse de Bitche.

Dans le cas que M. le commandant devrait rejeter les propositions que je viens de lui faire, j'ai l'honneur de prévenir que le bombardement de la forteresse commencera dès aujourd'hui, et qu'à partir du premier coup de feu qui sera tiré des remparts de Bitche aucune condition ne pourra plus être admise, à moins que la place ne se rende à discrétion.

Trente minutes son données afin de recevoir la réponse que M. le commandant jugera à propos de donner.

Les conditions susdites acceptées, il est chargé de les signer préalablement avec qui de droit.

Veuillez, monsieur le commandant, agréer à cette occasion, l'assurance de ma considération la plus distinguée.

Devant Bitche, le 22 août 1870.

Le Commandant en chef bavarois,
Signé : KOLLERMANN.

Cette sommation diffère de la première en ce que, au lieu de permettre aux troupes de rejoindre leurs corps, elle les déclare prisonnières de guerre. Elle offre cette particularité remarquable qu'elle ressemble, de tous points, à la convention rédigée quelques jours plus tard à Sedan...

Après le refus du conseil de défense, une attaque ne saurait tarder. Vers le soir, des patrouilles

allemandes battent de nouveau les sentiers, en vue
de la forteresse. Le canon du château les dis-
perse ; partout, à distance, nos obus vont fouiller
le sol ; les précautions dictées par la circonstance
sont prises activement et un redoublement de
vigilance assure pour la nuit notre sécurité.

III

A quatre heures et demie du matin, deux formi-
dables détonations réveillent la citadelle endormie.

De ces deux coups, partis des lignes prussiennes,
le premier porte loin du but ; au second, un obus
de gros calibre traverse une chambre qu'occupent
précisément douze prisonniers allemands ; ces
malheureux poussent des cris horribles ; on se hâte
de les évacuer dans les souterrains du château.

En un clin d'œil, tout le monde est sur pied ;
notre artillerie ouvre un feu meurtrier contre la
batterie qu'à la faveur des ténèbres l'ennemi, auda-
cieusement entreprenant, a élevée à 1200 mètres à
peine de la place, sur le mamelon du Gross Otterbühl. Le Gross Otterbühl forme une éminence
égale en hauteur à la plate-forme du fort, dont le
tir horizontal fait taire, en quelques heures, le feu
de l'adversaire.

                                                    3.

De nouveau, les Bavarois semblent se retirer, masquant cette fois leurs intentions par l'envoi de deux parlementaires.

Des explications embarrassées de ces derniers, il résulterait que la présence de Bitche obligerait un corps d'armée allemand à un détour considérable. Mais leur langage ambigu et la persistance qu'ils mettent à prolonger l'entretien sont suspects : leur visite n'est qu'un prétexte à suspension d'armes, destiné à permettre aux leurs une tranquille retraite. Quelques obus lancés sur l'arrièregarde ennemie hâtent ce mouvement rétrograde, en même temps qu'ils montrent aux négociateurs que nous ne sommes point leurs dupes.

— Nous reviendrons, s'écrie l'un d'eux en s'éloignant, nous aurons vingt mille hommes, de l'artillerie de siége, des projectiles à foison, et nous vous pilerons dans Bitche comme dans un mortier !

Cependant, le double succès remporté dans la même quinzaine a exalté l'énergie des troupes. La prévision de la nécessité ultérieure d'une défense sérieuse est un stimulant qui décuple le bon vouloir de la garnison. Des ordres de la place encouragent ces dispositions. Dans un style robuste en sa concision, sans déclamation et sans phraséologie vaine, le commandant Teyssier expose à

ses soldats la vérité à laquelle ils ont droit ; il leur
dit les périls conjurés et les obstacles à vaincre
encore.

Un élan unanime active les travaux, en dépit de
la pluie persistante et des froids prématurés. On
augmente le nombre des mortiers sur les parapets ;
on place en batterie des pièces nouvelles ; on élar-
git les embrasures en pierre, de construction an-
cienne, qui n'offrent pas un évasement suffisant ;
l'artillerie est disposée en barbette, de façon à
obtenir le champ de tir le plus étendu ; on empile
partout des sacs-à-terre, on établit des traverses,
on renforce les parapets dont l'épaisseur n'excède
pas deux mètres ; on décapite les bastions des
énormes et dangereuses charpentes qui les coif-
fent comme d'un bonnet de police, on blinde les
magasins à poudre.

Bientôt la terre manque pour l'œuvre préserva-
trice ; il n'est possible de s'en procurer qu'à une
assez grande distance, vers l'extrémité de la
ville.

Alors, de leurs tentes abris, les soldats font de
petits sacs qu'ils descendent remplir de quelques
pelletées de terre, remontent vers le fort, s'en vont
remplir encore, transportent de nouveau au som-
met du rocher, avec une persévérance qu'aucun
obstacle ne rebute. Des chaînes s'organisent, comme

dans un incendie. La cité se transforme en une fourmilière humaine.

A l'extérieur, on pousse à plusieurs kilomètres à la ronde des reconnaissances nombreuses ; on abat des arbres, on coupe les routes, ou défonce les chemins creux. Des paysans interrogés, des émissaires lancés en campagne, fournissent un contingent d'informations qui ne saurait laisser de doutes sur les intentions de l'ennemi : un vaste mouvement fait converger vers la place des forces imposantes ; des pièces de gros calibre, envoyées de Hagueneau, débarquent à Niederbronn ; des troupes d'infanterie se concentrent à Wolmunster et à Lemberg, à moins de 10 kilomètres de Bitche.

Du château, ces préparatifs demeurent invisibles. Bitche coupe les voies de communication de telle sorte qu'il est impossible d'évoluer en vue de la place ; toutes les routes passent derrière les hauteurs.

Il faut sonder ces terribles hauteurs, rideau menaçant dont l'épaisseur peut dissimuler quelque piége. La plupart d'entre elles, nous l'avons expliqué, commandent la plate-forme du fort, dont l'altitude absolue n'excède pas 60 mètres au-dessus du niveau de la Horn. A 1,700 mètres de distance, à droite de la route de Sarreguemines, se dresse le mamelon du Gauckfek, plus élevé de

55 mètres; à une distance égale, le Controlen, surplombant de 40 mètres; à 1,800 mètres, le Schimberg, plus haut que le fort de 36 mètres; à gauche de la route de Sarreguemines, à 2 kilomètres, le plateau inégal de la Rosselle, le dominant de 50 mètres, en moyenne; en seconde ligne, dans la même direction, à un peu plus de 3,000 mètres, le pic du Hôepkôpf, dont la cime le dépasse de plus de 100 mètres, et enfin, au col de la route de Strasbourg, à 3 kilomètres également, le Pfaffenberg, démesurément élevé au-dessus du château.

Les tirailleurs qui reviennent chaque soir, après avoir tout le jour rampé au flanc de ces collines, n'ont recueilli encore aucun indice suspect, lorsque, le 27 août, un maréchal-des-logis de gendarmerie, envoyé en éclaireur vers la Rosselle, est accueilli par quelques coups de feu.

Le lendemain, un médecin de la ville, attaché aux ambulances et protégé par la croix de Genève, se dirige du même côté avec l'intention de gagner la localité la plus proche pour s'y procurer des médicaments.

Un officier prussien l'arrête, l'interroge et lui ordonne de rétrograder :

— Laissez-moi, lui dit-il, la note des objets qui vous sont nécessaires; si j'en obtiens l'autori-

sation, je vous les enverrai contre rembourse-
ment. Quant à vous livrer passage, cela m'est
interdit de la façon la plus formelle.

Plus de doute, l'ennemi est là. Quelques précautions qu'il apporte à cacher ses projets, tout
laisse supposer qu'il a jeté son dévolu sur cet emplacement pour l'installation de ses batteries.

Le lieu est habilement choisi. Découvert dans
la partie qui menace la place le plus directement,
le plateau est boisé sur sa plus grande étendue.
C'est sous le couvert des bois que les Allemands
abritent leurs travaux, peu soucieux qu'ils sont
d'exposer leur vie dans les siéges. Tout en observant avec soin les autres points de la périphérie,
c'est de ce côté que les nôtres, désormais, doivent
spécialement porter leur attention.

Une petite expédition est résolue, ayant pour
objectif les retranchements élevés, et peut-être
déjà armés, par l'adversaire. Mais une sortie présente des difficultés graves. Si les mouvements de
l'assiégeant échappent à nos investigations, nous
ne saurions, en revanche, soustraire à ses regards
aucun des nôtres. Ce serait se livrer à tous les
hasards de l'inconnu que d'entreprendre une opération de longue haleine. Donc, la sortie s'effec-
tuera de nuit et sera rapidement conduite.

Le 1er septembre, à minuit, quatre cents hom-

mes environ, répartis en trois colonnes, sous le
commandement du capitaine Baron, du 48ᵉ de
ligne, se jettent hors des murs, vont gravir les
pentes de la Rosselle et saccagent les terrasse-
ments de l'ennemi.

Une vive fusillade les obligeant à la retraite,
ils reculent lentement, méthodiquement, au moment même où, l'aube commençant à dissiper les
ténèbres, le feu de la place pourra utilement mêler ses efforts à ceux de leur mousqueterie.

Cette première tentative a réussi. Une nouvelle
sortie nocturne va la suivre, à quarante-huit heures d'intervalle, exécutée, cette fois, dans des proportions plus larges, sinon plus sages.

Huit cents hommes du camp retranché, divisés
en trois colonnes d'attaque, opéreront avec deux
pièces de campagne, les seules dont il soit possible
de disposer. Leur mouvement sera appuyé, en
arrière, par les compagnies Désoubry, Palazzi et
Fenoux, du 86ᵉ de ligne, les trois autres compagnies de ce bataillon formant, avec les douaniers,
une deuxième réserve.

Le capitaine d'artillerie Lair de la Motte dirige
l'expédition.

Pendant que la colonne de droite, commandée
par le sous-lieutenant Labarbe, du 30ᵉ de ligne,
attaquera vers les bois, la colonne de gauche,

sous les ordres du capitaine Baron, opèrera un mouvement tournant. La colonne du centre, enfin, franchira, avec les canons, la route de Sarreguemines, pour se porter contre le gros des forces adverses.

Par malheur, les hommes du camp retranché, excellents combattants en général, pris individuellement n'offrent entre eux qu'une cohésion imparfaite. Soldats de toutes armes, provenant d'un chiffre considérable de corps, ils ne peuvent former qu'un ensemble hétérogène.

L'ennemi qu'on va surprendre est, en outre, notablement plus nombreux et beaucoup mieux sur ses gardes qu'on ne le suppose.

Aussi, malgré le succès des colonnes de gauche et de droite qui ont enlevé les hauteurs et culbuté les avant-postes allemands, la colonne du milieu, cédant sous le poids de forces triples, se retire sans que ses deux pièces aient eu le temps de prendre position. Ce mouvement du centre est suivi par les ailes, qui ne plient cependant que graduellement. L'attitude des troupes est excellente. La compagnie Désoubry entretient un feu remarquablement nourri; la section du lieutenant Neurisse se bat avec acharnement; au petit jour, après cinq heures de lutte, la forêt répercute encore les échos de la fusillade.

'L'artillerie du château, qui n'a pu jusqu'alors prendre part à l'action de crainte de toucher les nôtres, commence enfin à entrer en ligne. La colonne de droite sort des bois, ramenant des blessés et poursuivie par l'ennemi. Ce dernier est près de l'atteindre, quand une demi-douzaine de projectiles, envoyés avec une précision mathématique, le coupe et le contraint à rétrograder.

Les munitions sont épuisées ; seuls, quelques turcos ont conservé des cartouches qu'ils s'obstinent à vouloir consommer. La vue du drapeau parlementaire, hissé pour l'enlèvement des morts, les décide à cesser le feu. L'ennemi ne nous permet de recueillir que les cadavres tombés dans nos lignes.

IV

Cette affaire nous a coûté soixante-deux hommes, parmi lesquels neuf tués, restés en notre pouvoir et enterrés le lendemain en grande pompe.

Les pertes de l'adversaire sont supérieures.

Le commandant de place écrit dans son ordre du jour :

Dans cette sortie, MM. les officiers chefs de colonnes et autres ont montré toute l'énergie et le courage que l'on a coutume de rencontrer chez les officiers français; il faudrait les citer tous.

Parmi les hommes de troupe, se sont plus particulièrement fait remarquer les nommés :

Ferreri, sergent-major au 1er zouaves ;

Cotte, caporal au 27e ;

Leloup, sergent au 14e bataillon de chasseurs à pied ;

Melon, caporal au 49e ;

Bouret, brigadier au 10e d'artillerie ;

Richard, sergent au 68e.

La promptitude avec laquelle l'ennemi a fait face à nos troupes porte quelques habitants à redouter que des indiscrétions aient été commises. La population d'une place assiégée, essentiellement nerveuse et impressionnable, s'alarme des moindres symptômes. L'incertitude touchant les faits extérieurs pèse vivement sur les esprits. Les bruits les plus contradictoires circulent à travers la ville. Nos armées sont victorieuses, d'après les uns, défaites, selon les autres. Les dernières nouvelles ont été apportées par un jeune mobile, Dumont, dont le père, capitaine de la douane, servait à Bitche. Désigné comme secrétaire-adjoint de la place, Dumont, pour rejoindre son poste, avait traversé les lignes prussiennes qui enveloppaient l'armée de Bazaine. Il a apporté le récit des premiers combats sous Metz, sans pouvoir, toutefois, en apprécier les résultats.

Dans l'intervalle écoulé entre les deux sorties, un parlementaire est venu offrir des journaux allemands; le commandant de place les a refusés. Le 7 septembre l'ordre suivant est publié :

ORDRE DE LA PLACE

L'ennemi exécute des travaux contre la place.

Il est essentiel que, lorsque nous tirons sur ses travaux, les hommes ne viennent pas se montrer sur les parapets, ni aux croisées; cela peut donner à l'ennemi des indications contre nous. Il en est de même des promenades sur les remparts de la place : un observateur judicieux peut prendre des directions très exactes pour des cheminements contre la place en observant le point précis où un promeneur, marchant sur les banquettes, change de direction. En conséquence, les douaniers qui forment la garde des remparts recevront la consigne spéciale, conforme au réglement, de ne laisser passer sur les remparts que les officiers de l'artillerie, du génie et les officiers de service.

Le commandant de la place,
TEYSSIER.

Des pessimistes persistent à prétendre que de fâcheuses révélations entravent la défense. Quelques-uns crient à la trahison. On assure qu'il y a, au château, des gens vendus à l'ennemi, des officiers peut-être. On a remarqué des signaux échangés, le soir, au moyen de lumières, entre le fort et la ville.

Pour couper court à ces rumeurs, le commandant de la place désigne un officier d'infanterie qui devra se placer en observation sur le rempart de la ville. Cet officier constate, effectivement, la présence d'une lumière qui se montre à plusieurs reprises et à intervalles égaux, à une fenêtre du pavillon du génie, au château.

— Plus de doute, s'écrie-t-on, le traître est là !

Et l'on n'aura de repos que l'on n'ait démasqué le traître.

Les habitants de Bitche ont de puissants motifs pour se montrer défiants. L'histoire de leur ville ne leur rappelle-t-elle pas l'une des plus étranges surprises dont une place assiégée ait failli être la victime ?

C'était en 1793. Depuis l'année précédente la France était en lutte avec l'Autriche et la Prusse. Le 29 septembre, les forces françaises du camp de Hornebach, qui, ayant échoué dans l'attaque de Pirmassens, en Bavière, avaient dû battre en retraite, étaient défaites en vue de Bitche et se repliaient sur Sarreguemines, laissant à découvert une portion du pays.

A dater du 3 octobre, la citadelle fut cernée de près. Sa garnison se composait du 2ᵉ bataillon du Cher, 675 hommes, commandant Aúgier, et de 64 canonniers du 1ᵉʳ régiment d'artillerie à pied. Le capitaine Barba, du 5ᵉ régiment d'infanterie, commandait provisoirement la place. Le 15 no-

vembre, pendant la nuit, six mille hommes d'élite
de l'armée prussienne, que commandait le prince
de Hohenlohe, s'approchèrent de Bitche, arrivè-
rent sans bruit jusqu'aux barrières d'un ouvrage
avancé, en arrachèrent les chevaux de frise et,
sans chercher à s'emparer de cet ouvrage, une
colonne escalada, au moyen d'échelles, les obstacles qu'elle rencontra et put gagner ainsi la porte
principale du fort.

En même temps, une autre colonne gravit le
glacis du côté de la petite tête, arrive au chemin
couvert, enlève les sentinelles, enfonce quatre
portes et parvient à la caponnière de gauche.

Près de la porte du fort s'ouvrait l'entrée d'un
souterrain où couchait le préposé à la garde des
bœufs, un nommé Billet. Entendant des pas étouf-
fés, Billet s'avance vers une fenêtre grillée qui
donne sur le pont-levis. Il aperçoit dans l'ombre
des sapeurs occupés à pratiquer une ouverture à
coups de hache.

Immédiatement, l'éveil est donné ; l'ennemi a
déjà fait un trou énorme dans la porte, lorsqu'il
est assailli par une grêle de meubles, de bûches et
de vaisselle que lance de sa fenêtre le quartier-
maître du bataillon, dont le logement est situé juste
au-dessus de cette porte.

Cette défense improvisée donne à la garnison le

4.

temps de se réunir. En quelques minutes, la première colonne prussienne est obligée de se retirer.

Du côté de la petite tête, l'ennemi a trouvé murée une porte de communication qu'il croyait ouverte, et qui, par un escalier à vis, conduisait à l'intérieur de l'ouvrage. Un factionnaire, percevant le bruit qui se fait pour forcer la dernière entrée de la caponnière, donne à son tour l'alarme. Du haut du pont de la petite tête et derrière les parapets, les coups de feu et les grenades surprennent les Allemands. Des pierres, des ferrures, des matériaux de toute sorte pleuvent sur eux en même temps que les projectiles. Nos soldats jettent par dessus les murs tous les objets à portée de leurs mains ; il s'en produit, en avant de la porte, un tel entassement que les Prussiens, emprisonnés derrière cette barricade, n'en peuvent plus sortir et sont forcés d'attendre le jour.

Pendant que ces événements se passaient à la citadelle, une troisième colonne ennemie s'était présentée aux barrières de la ville et les avait forcées, malgré la résistance des gardes nationaux, trop peu nombreux, dont plusieurs étaient tombés frappés à mort.

Honteux de l'insuccès de leur entreprise et ne voulant pas s'en retourner les mains vides, les Prussiens s'éloignent, un peu avant l'aube, emme-

nant avec eux seize otages choisis parmi les bourgeois et les fonctionnaires, trois médecins de l'hôpital et trente militaires malades, littéralement
arrachés de leurs lits.

Cette retraite ne s'opéra pas sans pertes ; l'artillerie du fort fit de nombreuses victimes et on
compta, le lendemain, soixante-huit voitures de
morts ou de blessés emmenées par l'ennemi.

A la pointe du jour, la garnison fit une sortie.
Les assaillants de la petite porte étaient toujours
bloqués dans la caponnière. Ils furent faits prisonniers, au nombre de deux cent soixante-dix, dont
dix officiers.

Parmi ces derniers figurait un Français, un
misérable que nos soldats reconnurent. C'était un
ingénieur du nom de Brunet, émigré, et qui,
quatre ans auparavant, avait été au service de la
place. En conduisant l'ennemi parmi des détours de fortifications qui lui étaient familiers,
Brunet avait compté sans la porte nouvellement
murée ; cette circonstance avait déjoué ses calculs.
Ce coquin fut jugé par le conseil de guerre et
fusillé dans les vingt-quatre heures.

A quelque temps de là, Bitche fut dégagée par le
général Hoche qui, après avoir mis en déroute les
Allemands, les poussa jusqu'auprès de Mayence.

Le souvenir de 1793 devait fatalement influen-

cer les assiégés de 1870. La persistance des habitants à incriminer les allées et venues d'une lumière au fort trouve donc son excuse naturelle
dans la réminiscence de cette odieuse trahison.

Les alarmistes, d'ailleurs, ne tarderont guère à
s'apercevoir de la fausseté de leurs suppositions.
Avoir déterminé le point précis où se montrent les
signaux, c'est déjà, pour l'opinion publique, une
satisfaction. Reste à découvrir le coupable, à le
surprendre en flagrant délit. C'est au commandant
de la place qu'il appartient d'ordonner les recherches. Le pavillon du génie est étroitement
surveillé; deux officiers munis de pleins pouvoirs
s'y présentent à l'heure propice où le signal lumi-
neux a recommencé à briller, pénètrent brusquement dans une première pièce, complétement
obscure, s'élancent vers une seconde pièce, en
franchissent le seuil, et se trouvent en présence...
d'un membre du conseil de défense, assis devant
une table qu'éclaire une petite lampe, et labo-
rieusement penché sur un monceau de cartes et
de plans.

Le persévérant travailleur était loin de soup-
çonner l'émoi occasionné par son labeur nocturne, — labeur qui l'obligeait à exécuter fréquemment, sa lampe à la main, le trajet d'une
chambre à l'autre pour consulter des documents.

Le mystère est donc éclairci, et, pendant les quelques journées suivantes, la ville et le camp plaisantent de cette aventure.

Ces journées s'écoulent sans que l'ennemi fasse acte d'hostilités ouvertes. Se serait-il donc livré à d'importants travaux dans l'unique intention de se garder? Cette hypothèse est inadmissible, étant donnée la solidité naturelle de l'emplacement qu'il occupe. Comment, dès lors, interpréter son silence?

Hélas! la brave petite place qui s'est juré de subir sans murmure les dernières extrémités, saura bientôt à quel prix s'achète la gloire et ce qu'il en coûte de faire son devoir contre un adversaire décidé à ne reculer devant aucun moyen propre à lui assurer le succès.

V

Le 11 septembre au matin, comme dix heures sonnent à l'horloge de l'église, un coup de canon part des hauteurs de la Rosselle. Un signal, sans doute; car à peine le nuage de fumée blanchâtre qui marque la place d'où est partie la détonation commence-t-il à se dissiper, qu'une ligne sanglante illumine l'horizon : quatre batteries de gros calibre, démasquées à 2,000 mètres du château, font feu de toutes leurs pièces.

Du fort, en un instant, toutes les pièces répondent. Encore peu précis de part et d'autre, le tir acquiert bientôt une justesse meurtrière. Les coups se succèdent, rapides, haletants. Les obus ennemis tombent par centaines et sur les parapets et sur la plate-forme de la citadelle. En vingt endroits, les constructions s'embrasent, et, pendant qu'immobiles derrière leurs pièces nos artilleurs pointent et tirent, la garnison s'élance vers les points que menacent les flammes.

Vers le milieu de la journée, les Prussiens démasquent une nouvelle batterie qui, prenant le château d'enfilade, cause parmi nos canonniers d'effroyables ravages. Inébranlables à leur poste, les braves servants se multiplient. Avec une artillerie inférieure en nombre, dominée de très haut par l'artillerie ennemie, ils déploient des prodiges d'audace et de sang-froid. Leur chef, le capitaine Jouart, qu'une contusion douloureuse empêche de marcher, se fait porter par quatre hommes et donne partout ses ordres.

La nuit seule met fin à ce combat violent.

Au crépuscule, le canon ennemi recommence à tonner. Son principal objectif, la veille, paraissait être un magasin à poudre mal garanti par un blin-

dage incomplet, et avec lequel, à chaque instant,
les nôtres s'attendaient à sauter. Les artilleurs
prussiens semblent, maintenant, prendre pour ci-
ble les bâtiments de l'état-major, en particulier l'habitation du commandant de place. Ce
dernier fait évacuer les archives et les effets d'é-
quipement que renferme le pavillon. Puis, au milieu du vacarme des projectiles qui heurtent les
murs et le toit, il dicte, impassible, un rapport
résumant les événements de la journée précédente et portant à l'ordre de la place les soldats
qui se sont le plus distingués. Parmi ceux-ci
figurent les chefs de pièces, le servant Briffaut
et un soldat qui, pour enlever de la paille en-
flammée, est monté dans les combles d'un poste
situé près du bastion n° 1, sans se préoccuper des
projectiles ennemis.

Sa signature apposée au bas de ce document, le
commandant Teyssier se retourne vers un groupe
de cinq officiers qui attendent ses instructions,
lorsqu'un obus, brisant porte et fenêtres, vient
éclater au milieu du bureau. A travers la fumée,
chacun des assistants s'élance, anxieux, vers les
autres : par un bonheur tout providentiel, pas un
n'a été atteint. Comme ils quittent ce nid à bombes, à quelque pas devant eux un projectile éclate
et tue ou blesse neuf hommes.

Dans toute l'étendue de l'étroit boyau que forme la citadelle, longue de 275 mètres et large de 40 mètres tout au plus, il n'est pas un poste de combat qui ne soit un poste de péril ; il n'est pas un officier, pas un soldat, qui, vingt fois par heure, n'affronte la mort.

Un service de sauvetage s'improvise, sous la direction du chef de bataillon Bousquet et du capitaine du génie Guéry. Contre l'incendie, nos soldats n'ont plus que la terre et la sape ; l'eau du puits principal est épuisée, celle des citernes du château l'est également et la citerne extérieure, creusée dans le fossé, est devenue inaccessible.

Au milieu des projectiles qui éclatent et des débris qui volent de toutes parts, un détachement commandé par le capitaine Morlet veille sur les glacis du fort et répare les brèches, durant les rares intervalles où le ralentissement du feu le permet. Les cent vingt hommes qui le composent appartiennent au 27ᵉ de ligne ; ils se sont retrouvés parmi les isolés du camp retranché et leur nombre a permis de les réunir sous les ordres du chef qui a lui-même sollicité la place exposée qu'il occupe.

Tout à coup, une conflagration bien autrement périlleuse se déclare. Un bâtiment de la grosse tête est en feu. Le sous-sol de cette construction renferme douze mille kilogrammes de poudre. On parvient heureusement à limiter aux murs extérieurs les ravages qui menacent, non-seulement de ruiner de fond en comble la grosse tête du fort et ses annexes, mais encore de se communiquer à un magasin avoisinant dans lequel est amoncelée une énorme quantité de poudre, — quarante mille kilogrammes environ.

A l'intérieur, on profite des accalmies pour déblayer les cours, les passages, pour réparer les affûts brisés, pour blinder les embrasures. Les parapets sont entamés, plusieurs de nos pièces démontées, les coups de notre artillerie deviennent plus rares. Il faut redoubler d'efforts, hausser son énergie au niveau du danger. Auprès des membres du conseil de défense, le capitaine Raveine, du 86ᵉ de ligne, avec ses intrépides auxiliaires, le sergent Bouet et le gardien de batterie Hamann ; l'adjudant Wilhem, du 86ᵉ, les lieutenants Lebon, Mondelli, Hardy, de Nonancourt, Cassaigne, se font remarquer au premier rang. Ce dernier est grièvement blessé, à côté d'un caporal qui tombe mort sur lui et d'un soldat qui, quelques instants après, succombe à ses blessures.

Le soir arrive. Les nôtres s'attendent à voir, comme la veille, le feu de l'ennemi cesser. Il cesse un instant, en effet. Puis, il reprend avec une

5

recrudescence de fureur : il est dirigé, cette fois, principalement sur la ville. Des obus incendiaires sont lancés sur l'arsenal, qui se relie à angle droit au poste de l'état-major. D'immenses gerbes de flammes enveloppent ces deux bâtiments. Au loin, sur le plateau de Sarreguemines, on entend retentir les hurras frénétiques des Bavarois. Les hauteurs isolées se peuplent d'habitants qui contemplent, terrifiés, ce spectacle de désolation. L'assiégeant renforce son tir pour mettre obstacle à tout essai de sauvetage.

Déjà une démarche avait été tentée pour épargner à la population les horreurs d'un bombardement. Une châtelaine des environs, Mme de Turckheim, s'était rendue auprès du commandant des troupes assiégeantes pour faire appel à ses sentiments d'humanité. Mais vainement elle avait imploré la pitié du chef ennemi : celui-ci avouait hautement qu'il comptait sur la ruine et la mort des habitants pour forcer la place à se rendre.

Le 13 septembre, le maire de la ville accourt, tout ému, supplier le commandant de la place de demander une suspension d'armes qui permettrait aux impotents, aux enfants et aux femmes de sortir. Cédant aux sollicitations de ce vieillard, le commandant Teyssier envoie en parlementaire le capitaine Lesur, accompagné de l'officier d'ad-

ministration Schmitt, transmettre cette demande
au colonel Kollermann :

— Si c'est tout ce que vous désirez de nous,
répond ce dernier, vous n'avez qu'à vous retirer :
le feu va recommencer.

Le feu recommence. Un cri unanime d'angoisse et d'épouvante accueille le retour de nos
envoyés. Le maire sollicite alors du commandant
de place l'autorisation de laisser sortir, à leurs
risques et périls, les habitants inutiles à la défense.
La nature du sol creusé, coupé, haché, permettra
peut-être de rencontrer quelque issue imparfaite-
ment gardée. Le commandant, le cœur navré,
accède à ce vœu. Une partie de la population se
précipite vers les portes; le maire, quelques autorités civiles, plusieurs prêtres, sont du nombre.
Cette foule se répand dans la campagne, se jette
dans la direction des avant-postes bavarois dont
les soldats, moins cruels que ceux qui les commandent, n'osent faire feu sur des femmes, sur
des vieillards terrifiés; bientôt elle disparaît au-
delà des collines.

D'une population de 2,700 âmes, il ne reste
plus dans Bitche qu'un millier d'habitants, parmi
lesquels 269 hommes dont 119 seulement sont va-
lides.

Bien qu'il ait notifié au maire que son devoir

était de rester parmi ses administrés, le commandant de la place ne saurait regretter, au fond, l'absence des personnes dont la douteuse énergie pourrait devenir une cause d'embarras. Il nomme une commission municipale formée de citoyens dévoués, parmi lesquels on remarque les noms de MM. Eusèbe Mauss, Mathias Mangis, Jacques Muller, Jean-Baptiste Staub, Mayer, Faber, Thomson, Christophe Steiner, Jacques Staub, Pasquin, Laurent et Nicolas Rémi. Cette commission est placée sous la présidence de M. Lamberton, vieillard plein de verdeur, dont l'estime et la confiance de ses concitoyens proclament les hautes qualités. M. Lamberton a pour adjoint M. Maurer, principal clerc de notaire ; pendant qu'à l'un échoit la partie active de l'administration, l'autre s'occupera plus spécialement des écritures, des chiffres. A la tête du service religieux, enfin, est placé M. l'abbé Guépratte, directeur de l'institution-collége de Bitche, transformée en ambulance.

Ces modifications administratives se sont accomplies en quelques heures. Dès ce moment, et pendant les huit journées et les huit nuits qui vont suivre, un spectacle lamentable se déroule entre les murailles de la cité lorraine.

Bitche n'est plus qu'une vaste fournaise.

Le sifflement des obus qui attisent l'incendie, le craquement des charpentes que dévore la flamme, le sourd effondrement des maisons croulant au milieu du brasier, l'affolement des habitants qui cherchent un refuge au dehors, ou courent, demi-nus, s'abriter dans les caves; les cris des mères, les gémissements des petits êtres qu'elles pressent sur leurs seins, le crépitement de la fusillade, le grondement incessant du canon, toutes ces terreurs, tout ce fracas, toutes ces épouvantes emplissent l'air et montent emportés dans le tourbillon dévorant qui fait à la ville comme une toiture de feu.

Et quand le fléau destructeur a consommé son œuvre ; quand la cité est devenue un monceau de ruines, — cent trente maisons réduites en cendres, cent autres à demi-consummées ; — quand le fortin du camp retranché ne représente plus guère qu'une protection illusoire ; quand là-haut, sur ce rocher réputé imprenable, il ne reste plus debout que le courage des assiégés :

— Rendez-vous ! ordonne encore l'ennemi.

— Jamais ! réplique le commandant Teyssier.

VI

Retracerons-nous les péripéties de ces terribles journées? Dirons-nous l'abnégation, les sacrifices, les dévouements qui confondaient dans une sublime étreinte la population et l'armée? L'une et l'autre avaient pour guide l'exemple des chefs: au fort, le brave commandant Teyssier; dans la ville, le digne M. Lamberton.

Ces deux hommes étaient comme l'écho l'un de l'autre. A l'intrépidité du soldat répondait l'énergie de l'administrateur; l'héroïque confiance du chef militaire se complétait de la foi inébranlable du fonctionnaire civil.

Sur la plate-forme du château, le commandant Teyssier était partout à la fois, se montrant de préférence aux endroits les plus exposés, électrisant par son audace calme, raisonnée pour ainsi dire, les défenseurs qui, à ses côtés, rivalisaient d'ardeur et de résolution.

Parfois, son mépris du danger allait jusqu'à la témérité.

Un trait, parmi vingt autres.

Un soir, — c'était à l'heure du dîner, — il fallait, pour gagner le *mess*, traverser un espace découvert contre lequel le canon ennemi faisait rage. La place était criblée de projectiles et les plus courageux hésitaient à défier cette pluie de fer et de feu, paraissant préférer attendre une embellie.

Tranquille et souriant, le commandant Teyssier s'avance. D'un pas assuré, il franchit les premières enjambées. Tout à coup il s'arrête, chancelle et roule dans la poussière : un obus vient de faire explosion, presque à ses pieds.

Avec une expression navrée, les compagnons d'armes du brave Teyssier s'entre-regardent, prêts à pleurer et à venger le chef dont aucun n'ose mettre en doute la mort.

Cependant, après être resté quelques secondes immobile, le commandant fait un mouvement. N'aurait-il été qu'étourdi par la chute? Peut-être. Un instant s'écoule encore, pendant lequel les bombes viennent, avec un fracas de tonnerre, s'écraser tout autour de son corps. Enfin, le chef se redresse, le visage noir de poudre, les vêtements souillés de terre; d'un bond il est sur pied, et, d'une voix que ne trouble pas la plus légère émotion :

— Eh bien! messieurs, on ne dîne donc pas, ce soir ?

Et le commandant de la place, miraculeusement épargné, reprend sa route vers le pavillon du *mess*.

Dans la cité, M. Lamberton accomplissait une tâche surhumaine, veillant à tout, prévoyant tout, trouvant remède à tout, et déployant dans son zèle une modestie si rare qu'elle doublait le prix de ses actions.

Ce grand vieillard intelligent et bon avait sur la population un ascendant moral qui se traduisait par une obéissance absolue à chacun de ses ordres. L'abbé Guépratte et un autre prêtre, M. Guérin, le secondaient dans sa tâche, courant, au grondement de la canonnade et à la lueur de l'incendie, prodiguer leurs secours aux blessés, aux malades et encourager les habitants.

Parmi ces derniers, les femmes montraient un stoïcisme et une générosité au-dessus de tout éloge. Rien ne les arrêtait dans leur mission consolatrice. Partout où il y avait une misère à soulager, on était sûr de rencontrer l'une de ces créatures admirables. Une épidémie de variole et de typhus s'était déclarée en plein bombardement; dans toute épouse, dans toute jeune fille, s'était révélée soudain une sœur de charité, et, si les victimes de ce nouveau fléau furent relativement peu nombreuses, le mérite en revient au concours que les fem-

mes de tout âge et de tout rang apportaient sans
marchander aux excellents docteurs Schefflein et
Lagarde.

Entre toutes, se distinguait Mme veuve Lauza,
femme d'une énergie toute virile et que ne rebu-
tait aucun obstacle. Mme Lauza était, au début de
la campagne, préposée aux transports de la guerre.
Déjà, en cette qualité, elle s'était acquis une re-
nommée que justifiait son activité infatigable.
Jamais une difficulté ne l'avait arrêtée, même
dans les moments où le plus complet désarroi régnait dans les services militaires. L'intendance
était affolée ; les employés, écrasés de travail, ne
savaient où donner tête ; les moyens de transport
restaient insuffisants ; malgré les réquisitions de
charrois, le matériel manquait, on cherchait vainement des chevaux, des voitures.... Alors, madame Lauza intervenait :

— Combien faut-il de fourgons ? Quelle quantité
d'attelages ?

Et elle se chargeait de tout, et, à l'heure indi-
quée, attelages et fourgons étaient prêts. Cette
femme possédait le génie de l'organisation ; sa
coopération devait être précieuse aux heures
difficiles que traversait la ville bombardée.

Évacuer les maisons au milieu de l'incendie q
gagnait de porte en porte et des projectiles qui se

succédaient sans relâche, cela avait été une rude besogne. La plupart des réfugiés avaient trouvé place dans les souterrains des bâtiments militaires; les gens de la classe pauvre, surtout, avaient dû recourir à ce parti : deux cents d'entre eux séjournaient dans les caves des magasins aux vivres. Mais quel labeur que d'arracher à leurs demeures certains de ces infortunés !

Les uns, se refusant à croire à l'étendue du désastre, n'abandonnaient qu'à regret le peu qu'ils possédaient; d'autres, cloués au lit, impuissants à marcher, étaient menacés de périr dans les flammes.

Quels drames sinistres et aussi quels nobles dévouements!

On avait vu le sergent Lour, du 61ᵉ de ligne, s'élancer à travers un bâtiment où venait de se déclarer l'incendie, pour ramener un varioleux incapable de se mouvoir.

Le soldat Roumaux, du 14ᵉ d'artillerie, avait enlevé d'une maison en feu une pauvre femme qui venait d'accoucher et à laquelle son mari, blessé, ne pouvait porter secours.

Un maréchal-des-logis du 3ᵉ régiment du train des équipages, Bourgeois; un sergent-major du 30ᵉ de ligne, Ernau, recevaient, pour leur belle conduite, l'hommage public de la reconnaissance des représentants de la municipalité.

Un boulanger, M. Pierné, retirait des caves obstruées par les décombres des maisons incendiées deux familles près d'être asphyxiées. Les indigents, auxquels ce brave homme distribuait du pain, recevaient gratuitement de la viande que leur délivrait un autre citoyen Celui-ci était conducteur des ponts et chaussées; avec deux gardes généraux des forêts, MM. Greff et Berveiler, il avait activement participé, avant l'investissement de la place, aux travaux défensifs exécutés au dehors, dans un rayon de plusieurs kilomètres.

Un vieillard de soixante-quatorze ans, le vénérable docteur Calvet, se prodiguait auprès des malades du fort en qualité de médecin de la douane. Ancien médecin militaire, revenu à Bitche, son pays natal, pour y jouir de sa retraite, M. Calvet n'avait pas hésité, dès le début du blocus, à reprendre le dur métier de la guerre, et il venait, du haut du fort, de voir détruite par les flammes la maison à laquelle étaient attachés tous ses souvenirs de famille.

Bitche dut aussi des services importants à MM. Blanchet, Perrin, Landre, et aux hardis sauveteurs qui, au plus fort de la canonnade, risquaient leur vie pour circonscrire l'incendie : Paquin, Jean Caron, Pierre Blaise, Lolivier, le facteur rural Reichel, le père et les deux fils Coulon.

Mais la liste serait longue des noms qu'il nous faudrait citer, si nous pouvions songer à désigner ici, autrement que par une mention générale, tous ceux dont les cœurs et les bras coopéraient à l'œuvre commune.

Considéré comme un témoignage de la férocité de l'assaillant, le bombardement de la ville avait été inattendu ; les assiégés ignoraient que la destruction des cités, la ruine et le meurtre des habitants fissent partie de la tactique prussienne : les obus tombés sur les hôpitaux et les ambulances, la nécessité de transporter les malades dans d'humides sous-sols, ne leur apparaissaient que comme une monstrueuse épreuve, exceptionnellement infligée par un ennemi irrité d'une résistance qu'il n'avait pas prévue.

Cet ennemi, cependant, avait su choisir son but et envoyer ses projectiles aux endroits propices ; un misérable faubourg est la seule portion de la ville qu'ait épargnée son artillerie.

C'est dans l'après-midi du 20 qu'un ralentissement sensible se manifeste dans le feu de ses batteries. Les obus arrivent plus rares ; quelques-uns, même, n'arrivent pas ; lancés avec des charges insuffisantes, ils s'incrustent dans le sol en avant des remparts

— Les Prussiens n'ont plus de poudre, disent nos soldats en riant, que n'en viennent-ils chercher ici !

Des artilleurs du château dévissent quelques projectiles qui sont tombés autour d'eux, sans éclater ; ils les trouvent remplis d'un mélange de terre et de poudre éventée : « le fond du sac », assurent-ils.

Il est donc vrai que les Allemands ont épuisé leurs munitions, que leurs pièces sont hors de service ? A quel parti vont-ils s'arrêter ?

— Je prendrai Bitche en cinq jours, avait dit superbement, en se mettant en campagne, le colonel Kollermann, sous les ordres de qui *travaillent* les 10,000 Wurtembergeois et Bavarois qui assiégent la place.

Il y a dix fois vingt-quatre heures que Bitche est bombardée sans répit ; les Allemands ont jeté dans la place 20,000 obus, et ils ne sont pas, néanmoins, parvenus à avancer d'un millimètre. Le colonel Kollermann, en tant que bombardeur, paraît avoir épuisé son crédit : par ordre supérieur il devra se borner à observer la citadelle qu'il n'a pas réussi à vaincre. Peut-être la famine amènera-t-elle le résultat que refuse le bombardement. Peut-être aussi, n'ayant pu écraser ceux de Bitche « comme dans un mortier, » l'assaillant a-t-il le droit d'espérer qu'il s'emparera d'eux par la ruse.

Pendant que, dans le fort, on travaille à déblayer les décombres, à raser les constructions entamées, à réparer les affûts; pendant que l'on compte les morts, qu'on panse les blessés, qu'on relève les ambulances, que l'on réorganise la garde nationale, qu'on met les armes en état et les poudres en sûreté, l'ennemi abandonne ses positions et va s'établir en arrière, dans deux campements : l'un, à une lieue au sud de Bitche, près d'un ravin profond, la Schwangerbach ; l'autre à six kilomètres vers l'est, sur la limite des deux versants des Vosges, au point de séparation des eaux, non loin du village d'Egelshardt.

De ces emplacements, ses troupes rayonnent autour de la citadelle, exerçant plus spécialement leur surveillance vers les routes qui communiquent avec l'intérieur du pays.

Le 22 septembre, un parlementaire est conduit devant le commandant Teyssier. En un pareil moment, que peut vouloir un parlementaire ? Celui-ci est porteur d'un paquet et d'une dépêche. La dépêche demande un adoucissement au sort des prisonniers que la destruction du château a forcé de reléguer dans des caves voûtées ; le paquet renferme des journaux.

Le parlementaire s'éloigne, porteur de cette réponse laconique :

Monsieur le commandant,
J'ai l'honneur de vous accuser reception, etc.
Je ne puis accepter les journaux, je l'ai déjà fait dire.
Quant aux prisonniers allemands, c'est pour les soustraire
à vos coups que je les ai fait transférer dans des casemates.
Je leur ferai prendre l'air dès que cela sera possible, mais
ils doivent rester au château.
Veuillez, etc.
                    Le commandant de la place,
                              TEYSSIER.

Au milieu des ruines fumantes et des débris in-
formes qui jonchent le sol où fut Bitche, des familles qui errent sans asile vont être bientôt sans
pain. L'incendie a dévoré une partie importante
des provisions que renfermait la ville. Le régime
alimentaire des troupes s'est composé, dans les
dernières journées, de pain et de viande de bœuf
et de cheval, alternativement. Quelques vaches et
quelques moutons, qui restent encore, sont réser-
vés pour les hôpitaux. Le tabac et le vin manquent.

Des privations commencent à se faire sentir.

Cette situation sollicite toute l'attention du commandant de la place. Le sort de la ville et celui de
la citadelle étant liés l'un à l'autre, il importe que

la subsistance de la population soit assurée au
même titre que celle de l'armée.

Mais comment ravitailler une forteresse que
cerne de près l'ennemi ?

VII

Certes, la difficulté était grave, et il y avait
quelque présomption à tabler sur la possibilité
d'introduire dans la place les approvisionnements
dont la possession devait assurer à sa résistance
une durée indéfinie.

Une circonstance, toutefois, permettait d'envi-
sager, sans l'entourer d'appréhensions exagérées,
l'impérieuse nécessité que créait la situation. Un
jour, au moment même où le canon prussien ton-
nait avec le plus de fureur, un homme des environs s'était présenté à l'une des portes de la ville.
Qui était-il ? D'où venait-il ? Quel mobile l'avait
poussé à courir les hasards d'une telle entreprise ?
Comment avait-il réussi ? Arrêté par nos sentinelles, cet homme, tout d'abord, s'était fait reconnaître. Quelques habitants, divers fonctionaires,
desquels il se recommandait, s'étaient portés garants pour lui. Son nom volait de bouche en

bouche, parmi cette population abandonnée chez laquelle un pareil trait d'audace ne pouvait rencontrer que l'admiration.

Ce hardi paysan — nous l'appellerons d'un nom de convention, Jaurin, pour ne point exciter contre lui les rigueurs rétrospectives de l'autorité allemande — ce hardi paysan habitait un village à neuf kilomètres de Bitche. Les horreurs du bombardement auquel il assistait de loin avaient ému son cœur de patriote et il s'était demandé à quel genre d'assistance il pourrait s'employer en faveur de la malheureuse cité dont, même au prix de sa vie, il était résolu à alléger les maux.

Un semblable projet devait paraître insensé; pour Jaurin, il n'était que d'une réalisation difficile. Rompu de longue date à tous les embarras d'un parcours dans ces terrains montagneux, connaissant à merveille jusqu'aux moindres détours de ce sol accidenté, sachant par expérience à quel point sa configuration tourmentée peut favoriser des marches de jour et de nuit effectuées secrètement, le rude enfant des Vosges n'avait pas reculé devant les risques d'un périlleux voyage.

Il avait appris, par ouï-dire, cete particularité, signalée au début de notre récit, que Bitche se trouvait insuffisammeut pourvue de sel; il n'ignorait pas quelle influence funeste la privation de cet

6.

indispensable condiment devait exercer sur le régime alimentaire des assiégés et il lui sembla, dès
lors, que le plus utile service qu'il pût rendre à
ceux-ci était de leur apporter du sel.

Il s'était mis en route, chargé de son précieux
fardeau, se dissimulant de son mieux, déjouant
par mille ruses la vigilance de l'ennemi, évitant ses
patrouilles, tournant ses avant-postes, avançant à
marches forcées sous le couvert des forêts, rampant
péniblement en plaine, glissant au fond des ravins,
disparaissant, au moindre bruit, dans le creux
d'un buisson ou l'anfractuosité d'une roche, décri-
vant des courbes savantes qui ne l'éloignaient
momentanément de son but que pour l'en rappro-
cher ensuite plus sûrement, s'orientant loin des
routes, à travers des sentiers à peine pratiqués,
— jusqu'à l'heure bénie où, abrité enfin sous le
feu de la place, il n'avait plus eu qu'à se nommer
pour être accueilli en bienfaiteur.

Le bonheur d'une pareille aventure, si vaillam-
ment conçue et si habilement conduite, n'était
qu'une démonstration bien incomplète du succès
futur d'entreprises combinées d'après le même
plan. Un avantage incontestable en résultait pourtant et un principe triomphait : Bitche n'était pas
inaccesible.

Déjà le fait avait pu être constaté aux premiers

jours de septembre, alors, il est vrai, que les obstacles à vaincre pour aborder la place étaient in-
finiment moins sérieux.

A cette époque, des soldats isolés, coupés de leurs
communications ou rejetés loin des champs de bataille, artilleurs sans canons, cavaliers sans mon-
tures, fantassins sans fusils, étaient parvenus à
pénétrer dans Bitche, grâce aux déguisements
prêtés par des paysans qui, par les ravins et les
bois, les avaient guidés vers la citadelle. Dans la
seule journée du 4, six d'entre eux avaient réussi
à entrer ; ils avaient, depuis Reischoffen, battu au
hasard le pays, errant à la recherche d'un point
de ralliement. Par eux, on avait su les péripéties
du combat et les angoisses de la déroute ; quant à
ce qui s'était passé depuis, ils n'avaient pu en rien
dire : leurs souvenirs s'arrêtaient là.

Ainsi, sous la pression des circonstances, une
question se posait nettement : était-il permis de
compter, toute part faite à la notion spéciale des
localités et aux subterfuges ingénieux qui donne-
raient à nos combinaisons l'appoint de certaines
chances favorables, était-il permis de compter,
disons-nous, que des vivres pourraient être amenés
dans la place en quantités assez considérables
pour compenser les risques à courir ?

Avec une assurance qui devait inspirer la foi

aux moins crédules, Jaurin se prononçait pour
l'affirmative.

C'est conséquemment à Jaurin qu'on aura re-
cours tout d'abord pour le ravitaillement en pers-
pective. Le comité d'approvisionnement passe avec
le hardi fournisseur un marché de farines, de sel,
de sucre et de bétail. On ne saurait penser à se
procurer ces marchandises dans les environs immé-
diats. Les réquisitions ont épuisé le territoire; défense est faite, en outre, aux habitans de livrer
aux Français aucune de leurs provisions. Toutes
ces difficultés, Jaurin se fait fort de les vaincre. Il
quitte Bitche comme il y était venu, court les
campagnes jusqu'à la frontière, prêchant la croi-
sade du ravitaillement, et signe à son tour des
traités avec plusieurs entrepreneurs.

Des villages limitrophes, principalement de Liederscheidt, nos paysans se répandent en Bavière ;
ils vont de ville en ville, achetant du bétail, du
sucre et des farines, qui sont supposés devoir réap-
provisionner leurs localités, dirigent leurs acqui-
sitions vers la France et les répartissent de façon
à former une colonne qui, de la frontière où
elle s'alimente sans cesse de nouveaux arrivages,
s'allonge dans la direction de Bitche jusqu'aux
points extrêmes qu'il serait impossible de dépasser
sans éveiller les défiances de l'ennemi.

Il ne s'agit plus que de faire franchir à ces denrées l'espace qui sépare de la ville les points de groupement.

Alors, avec l'intelligent concours des campagnards du canton, que récompensent de fortes primes, un vaste système de contrebande étend son réseau sur cette portion du pays. Des chariots de victuailles, des troupeaux de bœufs, sillonnent les chemins dans toutes les directions. Le conducteur exposé à rencontrer une ronde prussienne a sa réponse invariablement prête : les denrées qu'il amène sont destinées à la ferme, au hameau ou au bourg le plus voisin du lieu où il est surpris. Pour compléter la vraisemblance, certains convois tournent le dos à Bitche, guettant le moment favorable pour revenir sur leurs pas.

L'ennemi surveille toutes les routes ; mais son attention se porte plus spécialement sur celles d'où pourraient nous arriver quelques renforts. Ses reconnaissances passent, de ci, de là, à intervalles indéterminés : c'est quand la reconnaissance s'est éloignée que l'heure d'agir est venue.

Aussi, nos pourvoyeurs sont-ils tenus d'être constamment en haleine ; à eux de saisir l'instant, de calculer leurs mouvements et de s'élancer vers la ville bloquée, en narguant au passage les écriteaux sur lesquels les Allemands proclament, en deux langues, que les individus coupables d'approvisionner nos soldats encourent la peine de mort.

Le canton tout entier appartient au complot ; une sorte de franc-maçonnerie unit dans ce mystére les habitants de toute caste, depuis l'humble cultivateur jusqu'au fastueux châtelain. Au moindre danger, l'on s'avertit ; un mot, un geste, un clignement d'yeux suffisent. Les filles, les sœurs, les petits des paysans sont apostés au coin des bois, tapis dans les sillons ou à l'affût derrière un repli de terrain. Un espace est libre, une voie est ouverte... vite, une des vigies annonce la nouvelle ; les véhicules s'ébranlent, les bestiaux partent au trot. On se hâte, on brûle le chemin, on enlève les hauteurs, on dégringole les pentes, la caravane arrive en vue de la place et s'y engouffre à toute vitesse.

Quelques secondes de plus et l'on était trahi ; au détour de la route, résonne le pas pesant d'une patrouille allemande; mais le convoi est passé, le site est désert, tout a disparu !

Aux portes de la ville, les factionnaires sont avertis ; jour et nuit, l'on est prêt à recevoir les chargements de vivres, non sans avoir soigneusement dévisagé leurs conducteurs, tous gens connus et sûrs ; des délégués de la commission municipale

sont spécialement préposés à ce service. C'est principalement par la porte de Phalsbourg que s'effec-
tuent les entrées ; ordre est signifié aux sentinelles
de la tenir à peu près constamment ouverte et de
ne faire feu qu'à bon escient.

Fréquemment cette porte donne accès à des
fermiers des environs qui viennent, en s'entourant
de mille précautions, fournir une indication sur les
mouvements de l'adversaire, révéler un détail
utile à la défense, rapporter un épisode dont ils
ont été témoins. Des femmes aussi se présentent,
insoucieuses du péril, fières de coopérer à la tâche
commune. Des dames élégantes, ne redoutant pas
de parcourir de longues distances, en voiture parfois, à pied le plus souvent, se vouent ardemment
à ce rôle d'espions volontaires.

Vers la première semaine d'octobre, certains
renseignements puisés à ces diverses sources dé-
terminent des préparatifs de sortie.

VIII

Aussitôt entreprises que décidées, ces modestes
expéditions sont couronnées d'un plein succès.

Tantôt c'est une petite colonne qui va explorer

les hauteurs de la Rosselle, s'assure qu'il n'y reste plus de canons, refoule les avant-postes de l'ennemi, brûle les gourbis et les haies qui dissimulent ses embuscades et rentre après quelques heures de combat. Tantôt c'est une compagnie qui se déploie dans la direction, soit de la ferme du Hasard, vers la route qui mène à Wissembourg, soit de la Cense aux Loups, sur le chemin de Phalsbourg, pour incendier ces constructions qui abritent des tirailleurs allemands. Tantôt, enfin, ce sont des volontaires qui vont mettre le feu à la ferme du Freudemberg, route de Sarreguemines, refuge nocturne des détachements prussiens qui observent les environs. La ferme du Freudemberg, à trois kilomètres de la place, est masquée par des mamelons que nos hommes gravissent au pas de course. Moins d'une heure après leur départ, des flocons de fumée qui tourbillonnent à l'horizon indiquent aux sentinelles du château la réussite de l'opération.

Mais s'ils ont le mérite de tenir la garnison en haleine, ces faibles avantages offrent l'inconvénient grave de forcer l'adversaire à un qui-vive incessant. Ses patrouilles deviennent plus fréquentes, ses cavaliers se montrent plus près de la place ; chacune de nos sorties provoque un resserrement du blocus.

Or, en l'état, il existe pour nous un intérêt qui prime tous les autres : maintenir à tout prix nos communications avec l'extérieur, poursuivre le labeur du ravitaillement, posséder toujours en avance cent journées de vivres assurées, augmenter par tous les moyens les chances de durée de la résistance. Les deux mille hommes de Bitche peuvent-ils aspirer à marcher au secours des armées nationales, se jeter tête baissée dans une série de combats en rase campagne? Ont-ils le droit de prétendre repousser les hordes étrangères, délivrer l'une ou l'autre de nos villes assiégées? Leur rôle est plus modeste, ils le savent; mais ils n'ignorent pas que, dans son humble sphère, il peut avoir aussi sa gloire et ses périls. Leur petit nombre et l'exiguïté des ressources dont ils disposent leur interdisent le projet, un instant caressé, d'aller surprendre l'adversaire dans les lointains cantonnements de la Schwangerbach et d'Egelshardt où se sont retranchés ses bataillons. Il est donc résolu, en conseil, qu'on se renfermera dans une immuable défensive; on se gardera sévèrement, on surveillera avec soin les hauteurs circonvoisines, l'une d'entre elles surtout, le Hohekopf, vers laquelle, à plus d'une reprise, se sont tournées les préoccupations du commandant de la place.

7

Le Hohekopf, nous l'avons mentionné, domine de trois cents pieds le château de Bitche. De cette place, quelques batteries foudroieraient en peu d'heures la citadelle, impuissante à riposter par son feu. Mais l'ennemi a reculé sans doute devant les difficultés d'une ascension qui exigerait, pour le transport de pièces à longue portée, des travaux considérables et un énorme matériel; les grands froids commencent à sévir; bientôt le Hohekopf aux sommets neigeux disparaîtra sous une couche de givre, et ce pic inaccessible ne se dressera plus comme une menace redoutable pour les nôtres, mais comme une impossibilité invincible pour l'assaillant.

Quelques journaux sont parvenus dans la place par l'intermédiaire des convoyeurs de denrées. Affligeante lecture que celle de ces feuilles qui, pour tout encouragement, apportent aux assiégés l'écho de nos désastres. L'armée que commandait le neveu de Napoléon Ier s'est rendue prisonnière à Sedan... Paris est investi... Strasbourg a succombé... Chacune de ces nouvelles jette l'accablement dans les âmes. Mais à quoi bon se lamenter? L'avenir ne peut-il réparer les catastrophes du présent?

Lorsque, le 7 octobre, un nouveau parlementaire est annoncé dans la place, le commandant Teys-

sier, impatienté de la persistance de l'ennemi à provoquer des pourparlers, charge le lieutenant Mondelli, son adjudant de place, de répondre pour lui :

— Vous connaissez mes intentions, lui dit-il,
je vous confère pleins pouvoirs; faites entendre,
une bonne fois, que toute démarche est inutile :
la place ne se rendra pas.

Mais ce n'est plus de reddition que vient traiter
le parlementaire. Sa mission, en cette occasion, a
une signification nouvelle.

Il est porteur de deux dépêches.

L'une, du chef de l'armée assiégeante, deman-
dant contre échange l'élargissement des deux
journalistes allemands, est accueillie par un refus ; ces prisonniers sont trop familiarisés avec la
situation intérieure de la place pour qu'on mécon-
naisse le danger qu'il y aurait à les laisser rejoindre leurs compatriotes.

L'autre dépêche, datée de Mayence, où il est
captif, émane du général de Failly qui réclame
sa calèche, son fourgon, ses chevaux, ses bagages
et ceux de ses aides-de-camp, abandonnés dans la
rapidité du départ du 5e corps. Il est fait droit à
cette dernière requête.

Sur le point de s'éloigner, l'officier allemand
se ravise ; il a, explique-t-il, à s'acquitter encore
d'une mission verbale, et il ajoute :

— Le colonel Kollermann n'est plus à notre tête ; le chef qui le remplace dans son commandement est animé des intentions les plus bienveillantes ; il octroie aux habitants de Bitche la faculté de procéder à la récolte des pommes de terre ; il permettra, en outre, que des lettres sortent de la place pour être, par notre entremise, expédiées à l'intérieur du pays.

Cette double aubaine ne pouvait arriver plus à propos. Depuis quelques jours, précisément, des maires de petites localités environnantes sont en instance auprès de la place pour obtenir le droit de récolte ; à la réponse favorable qu'ils ont emportée, il ne manquait que la sanction de l'autorité prussienne. En ce qui concerne la correspondance, toutefois, le commandant Teyssier ne saurait témoigner une aussi large condescendance : l'autorisation qu'il accorde doit se limiter strictement aux lettres adressées aux prisonniers français en Allemagne, qui, à leur tour, pourront transmettre des nouvelles aux familles de leurs camarades.

La prudence exige que l'on prévoie le cas où l'obligeance des Allemands masquerait l'espoir de surprendre quelques-uns de nos secrets. Il est donc résolu, d'un accord unanime, que toute allusion aux événements militaires sera exclue de

nos envois. « Je me porte bien, » ou « Tenez-
vous en bonne santé, » telles seront à peu près,
pour ne rien compromettre, les formules de nos
relations épistolaires avec le dehors.

D'ailleurs, si l'ennemi s'offre à expédier nos lettres, il ne s'est point engagé à nous transmettre
de réponses. Les anxiétés de la séparation, l'inquiétude des officiers et des soldats touchant le
sort de leurs familles, subsisteraient tout aussi vives, si déjà l'ingéniosité des assiégés n'avait réussi
à combler cette lacune. Le hasard, ce père de
tant de découvertes utiles, s'est chargé de les mettre
sur la voie d'un stratagème dont l'expérience con-
firme de mieux en mieux le succès.

M. l'inspecteur Narrat a pu recevoir clandesti-
nement, d'un employé des bureaux de la douane
réfugié à Luxembourg, des fragments de journaux
et une lettre, expédiés par cet ami à un habitant
de Schweicks, bourgade bavaroise qui confine à
la frontière, à 12 kilomètres de Bitche.

Dès cet instant, Schweicks est devenu le pivot
sur lequel se meut tout un système de correspondance imaginé par nos officiers.

Grâce au dévouement intelligent et sagace d'un
ouvrier de Bitche, il n'est pas de semaine où
un paquet de lettres ne sorte de la place pour
être remis à un obligeant bourgeois de Lieders-

7.

cheidt, petite ville située sur la limite des deux pays, en territoire français. Dévoiler leurs noms véritables serait une indiscrétion dont les suites pourraient être fatales à ces braves gens, restés dans la contrée. Nous appellerons donc l'ouvrier Petit-Jean, et le bourgeois M. Pierre, quelque regret que nous ayons à ne point révéler d'une façon plus transparente des personnalités aussi dignes d'être signalées.

Liederscheidt, en France; Schweicks, en Bavière, ne sont guère séparées que par la ligne de la frontière. De Liederscheidt, M. Pierre, exhibant au passage un sauf-conduit permanent, va jeter ses lettres à la poste de Schweicks. Chacune est placée sous double enveloppe; l'enveloppe extérieure porte l'adresse d'un correspondant préalablement averti, soit en Belgique, soit en Luxembourg, soit en Suisse; l'enveloppe intérieure désigne le destinataire réel en France, auquel, de Suisse, de Luxembourg et de Belgique, le pli sera réexpédié.

Le même procédé est mis en œuvre pour les réponses. Les lettres adressées de France aux correspondants extérieurs rentrent en France par Schweicks, où le bourgeois de Liederscheidt les retire à la poste restante. M. Pierre remet à Petit-Jean les précieux colis, que le facteur improvisé

réussira à transporter sains et saufs jusqu'à Bitche. Petit-Jean parvient à son but, parfois en
usant des subterfuges employés par Jaurin pour
l'introduction des vivres, parfois en jouant le men-
diant auprès des Bavarois, qui le voient sans défiance parcourir le pays, portant sur le dos un
bissac dans lequel il entasse les morceaux de pain
qu'il recueille de la charité des paysans. Jeu dan-
gereux, l'intrépide ouvrier en a conscience, et qui
l'amènerait tout droit en face d'un peloton d'exécution, si l'ennemi découvrait sa ruse. Mais lequel
d'entre les fils de cette terre si française ne serait
prêt à verser, pour la cause nationale, jusqu'à la
dernière goutte de son sang ! De leur côté, quelques officiers employaient un émissaire secret qui,
moyennant 150 francs par voyage, consentit, à
deux reprises, à porter des lettres jusqu'à Ram-
bervillers. C'est à un Lorrain, M. Blanchet,
qu'on dut de connaître cet homme; il fut, entre
autres, chargé de la première dépêche par laquelle
le commandant de la place put faire parvenir en
France des nouvelles de la garnison de Bitche.

L'ennemi, cependant, ne voit rien. Serait-ce de
sa part une feinte? Compterait-il, par une confiance simulée, engendrer chez nous la confiance? Ses calculs, en ce cas, manqueraient de
justesse; car plus l'apparente sécurité où nous

laissent les Allemands est complète, plus de notre côté on redouble de vigilance. D'un pareil adversaire un bienfait même est à redouter. *Timeo danaos et dona ferentes.* C'est ici le lieu de repousser toute supposition d'une convention tacite entre belligérants, convention en vertu de laquelle Bitche aurait pu sans obstacle retarder l'échéance fatale de la reddition. Jusqu'au jour où l'état-major prussien publiera son rapport relatif aux opérations sous Bitche, il sera difficile de préciser les motifs qui, à certains moments du blocus, ont pu déterminer un relâchement de rigueurs de la part de l'assaillant. Mais il est un point hors de doute : c'est qu'en aucun temps et sous aucun prétexte, l'assiégé ne s'est départi de la sévérité que lui imposait son rôle.

Des ordres réitérés du commandant Teyssier prescrivaient aux chefs de pièce de faire feu chaque fois que le moindre groupe ennemi s'avancerait à portée. C'est parce que, en nulle circonstance, cette consigne n'a fléchi, que les écrivains d'outre-Rhin s'accordent à reconnaître dans le siége de Bitche un insuccès.

L'événement qui va suivre prouvera, au surplus, que l'adversaire avait de sérieuses raisons pour s'efforcer d'endormir notre vigilance.

Mêlés aux hardis pionniers dévoués à l'entreprise du ravitaillement, on avait remarqué certains visages douteux; des individus suspects ayant été aperçus rôdant autour de la ville, les membres de la municipalité qui se relaient aux portes, avec mission de reconnaître les affiliés, ont prudemment éloigné ces intrus. Une femme qui simulait la folie a été arrêtée; ses réponses, rapprochées d'autres indices, l'ont désignée comme un agent envoyé par les Prussiens.

A l'égard des isolés, des précautions minutieuses sont en vigueur. Si l'on recueille avec empressement les soldats errants qui, échappant à l'ennemi, viennent réclamer l'hospitalité de la place, on ne les admet, toutefois, qu'après enquête.

On amène à la citadelle, pour le soumettre à cet examen, un cuirassier qui se présente dans la journée du 15 octobre. Les réponses de cet homme aux questions qu'on lui adresse sont nuancées d'une hésitation qui n'échappe point à la perspicacité du commandant de place; ce dernier, en faisant diriger le nouveau venu vers le camp retranché, donne l'ordre qu'une surveillance spéciale soit exercée sur lui.

Comme le cuirassier, escorté, descend, la rampe du château, il se croise avec un soldat de la garnison qui le regarde fixement, s'arrête, et, avec un accent de surprise:

— Toi ici, Frantz! Par quel hasard?

Les traits du cuirassier expriment l'étonnement:

— Vous vous trompez, fait-il, je ne vous connais pas.

L'autre persiste:

— Je te connais, moi, j'en suis plus certain encore en entendant le son de ta voix; nous sommes du même village; mais je ne m'attendais guère, je l'avoue, à te rencontrer parmi nous sous l'uniforme militaire, toi qui, il y a quelques années, as subi une condamnation infamante.

A ces dernières paroles, le cuirassier perd contenance; il balbutie encore quelques dénégations; son trouble est si manifeste que ceux qui le conduisent se décident à lui faire reprendre le chemin du fort.

Il est mis en présence du chef de la prévôté, qui le presse de questions, le force à se dévêtir, et remarque que le numéro inscrit sur sa tunique ne coïncide nullement avec celui du régiment qu'il a indiqué. On lui fait faire l'exercice, le sabre en main: il ignore le maniement du sabre. Enfin, en guise de bretelles, il porte, comme les soldats bavarois, une ceinture en cuir fauve.

Une instruction est ouverte. Déféré au conseil de guerre, le faux cuirassier entre dans la voie des aveux. Il est, en effet, depuis peu en liberté, après avoir subi un emprisonnement de cinq années pour vol. Soudoyé par les Allemands, il a accepté la mission de s'initier à la situation de la place, de sonder l'esprit des troupes, de s'assurer du service des portes, d'observer la répartition des postes, de constater enfin les points faibles sur lesquels une surprise pourrait être tentée.

L'espion est condamné à mort. Son exécution a lieu en présence de la garnison réunie au camp retranché et sous les yeux des assiégeants qui couronnent les hauteurs. On laisse avec intention l'ennemi témoin de ce dénouement, à l'issue duquel le fort envoie dans sa direction une bordée de projectiles, « afin de lui apprendre, dit un témoin oculaire, à ne pas perdre l'habitude de se cacher. » Nous savons enfin le secret de cette trompeuse longanimité à l'aide de laquelle les Allemands pensaient mettre en défaut notre légitime défiance.

IX

La deuxième quinzaine d'octobre marque une nouvelle phase du blocus : la période d'observation succède à la période d'action.

De rapports transmis par nos paysans, il résulte

que l'adversaire prélève sur ses forces devant Bitche un assez nombreux contingent destiné, vrai-
semblablement, à aller grossir l'armée qui bloque
Metz.

Dans la place, tous les instants sont activement employés. Le capitaine qui commande en
chef l'artillerie fait construire des gabions, des
traverses et des magasins à poudre blindés pour
chaque batterie. Ces magasins sont protégés au
moyen de rails transportés par les soldats, du
chemin de fer au château, au prix d'efforts inouïs.
Le capitaine commandant le génie dirige l'installation des abris, que rendent de plus en plus
nécessaires les rigueurs de la saison. Quelques
fourgons à marchandises, restés en gare, peuvent
être amenés dans la ville ; la voie ferrée passe
sous les glacis du fort ; des escouades de travailleurs vont faire dérailler ces wagons et les traînent
jusqu'à la porte de Wissembourg, d'où on les dirige sur le camp pour servir de logements aux
troupes.

On avait horriblement souffert du défaut de
communications reliant, à couvert, la partie principale du fort avec le bastion dans lequel se trouvait l'ambulance du siége. Pour parer à cet inconvénient grave, il eût fallu creuser dans le roc vif
une galerie longue de 45 mètres. Mais où prendre

des outils ? Où trouver un personnel possédant l'expérience nécessaire?

Des soldats d'infanterie sont improvisés mineurs. Un métallurgiste des environs, M. de Joannis, introduit dans la place l'acier à l'aide duquel sera forgé l'outillage. Quelque téméraire que paraisse l'entreprise, le travail, commencé avec ardeur, est poursuivi quatre mois durant.

D'autre part, le capitaine Morlet emploie le détachement du 27ᵉ de ligne dont il a le commandement, à creuser des trous-de-loups, tailler des abatis et élever des palissades. De tous côtés, enfin, sous l'active impulsion du commandant de la place, on remue de la terre, on poursuit l'armement et la forteresse accroît ses attributions défensives comme si l'éventualité d'une attaque nouvelle apparaissait imminente.

Le 29 octobre, parvient au commandant Teyssier la douloureuse nouvelle que Metz est au pouvoir des Prussiens. Mais nul événement extérieur ne saurait avoir prise sur cette âme fièrement trempée. Un sujet d'inquiétude plus immédiat l'a envahie. Bien que la solde des troupes soit, depuis plusieurs semaines, réduite à de faibles à-comptes et celle des officiers fixée à un maximun provisoire de 50 francs par mois sans distinction de grades, les caisses militaires et civiles sont épuisées ; l'ar-

8

gent, ce nerf de la guerre, est près de faire défaut!

S'en procurer aux environs, il n'y faut pas songer : où les Prussiens ont passé, que reste-t-il à prendre ? Après avoir jusque-là fait face à toutes ses obligations, Bitche serait donc à la veille de déposer son bilan pour insuffisance d'actif ? Dans ces difficiles conjonctures, un officier que nous avons eu plusieurs fois l'occasion de nommer, le lieutenant Mondelli, a formé, depuis quelque temps déjà, le projet de sortir de la place, franchir les lignes allemandes, parvenir jusqu'à Lille, jusqu'à Tours, s'il le faut, et rapporter dans la citadelle les fonds que le gouvernement ne pourra manquer de lui confier.

Cet émissaire profitera de son voyage pour obtenir, en faveur du commandant de Bitche, le droit de promotions et de récompenses. Le réglement, par une fâcheuse lacune, ne reconnaît point ce droit aux officiers d'un grade inférieur à celui de lieutenant-colonel; privation pénible pour un chef chaque jour témoin des plus sublimes sacrifices!

Mais c'est en vain que l'adjudant de place a sollicité l'autorisation du commandant Teyssier; ce dernier redoute pour lui les périls qui peuvent rendre son dévouement inutile. Le 28 octobre, le lieutenant Mondelli a pris le parti de soumettre ses plans à son chef de bataillon, le brave commandant

Bousquet. « J'ai sérieusement réfléchi, lui écrit-il, aux moyens à employer pour traverser le pays occupé ; j'y serai aidé par un fervent patriote de Sarreguemines. » Cédant à d'aussi vives instances, le commandant de la place se laisse fléchir enfin.

Le 30 octobre, guidé par le « fervent patriote, » sur le concours duquel il n'a pas compté en vain, le courageux émissaire se glisse hors de la place sous un accoutrement civil.

M. Mondelli est natif de Bordeaux ; il appartient à une famille originaire de la Suisse, depuis longtemps établie à Lyon. Au mois de juillet 1870, il se trouvait en qualité de sous-lieutenant à Saint-Malo, dépôt de son régiment, le 86ᵉ de ligne, lorsque, nommé lieutenant aux bataillons de guerre qui étaient à Sarreguemines, il avait reçu l'ordre de rejoindre cette localité. Un détachement de 200 réservistes étant en partance, on lui en avait confié le commandement. De Saint-Malo à Paris, de Paris à Metz, de Metz à Sarreguemines, telles avaient été ses premières étapes. A Sarreguemines, le 4 août, il avait appris le départ tout récent de son régiment pour Bitche ; immédiatement, il avait fait route vers Bitche, où le détachement arriva dans la matinée du 5 août.

Soldat plein de vigueur et de décision, Mondelli a sa place marquée parmi ceux qui ne doivent

qu'à leur mérite personnel la situation qu'ils occupent. Figure ouverte, œil vif et pénétrant, moustache et barbiche noires, front découvert, teint
basané et, dominant l'ensemble, un caractère de
loyauté chevaleresque et d'irrésistible confiance,
— telle est la physionomie de l'homme.

Son compagnon de route, grand et robuste mar-
cheur, est un négociant de Sarreguemines,
M. Erhardt, qui a entrepris le voyage de Bitche
par amour pour le 86ᵉ régiment auquel appartient
l'un de ses proches parents, autant que par patriotisme.

De pareils exemples ne sont pas rares, on le
sait, chez cette race de montagnards au tempérament de fer. Bien d'autres habitants de Sarreguemines sont accourus dans Bitche ; l'un d'eux,
M. Blusset, dès le milieu du mois d'août ;
bien qu'âgé de cinquante ans et étranger aux
choses de la guerre, M. Blusset n'avait pas hésité
à endosser l'uniforme pour s'enrôler parmi les
défenseurs de Bitche ; on lui avait conféré le grade
de sergent à titre auxiliaire.

Pleins d'espoir en leur bonne étoile, M. Erhardt
et le lieutenant Mondelli se dirigent, par les ravins, vers les pentes de la Rosselle. Pour toute
légitimation du grave mandat qu'il va remplir,
l'officier emporte, cousu dans la doublure de son

gilet, un mince carré de papier sur lequel son supérieur a défini ainsi les pouvoirs dont il l'investit :

M. Mondelli, Louis-François-Jean-Baptiste, lieutenant au 86e de ligne, est envoyé en mission auprès du gouvernement français (mission verbale) par le commandant de la place de Bitche.

Bitche, le 30 octobre 1870.

Le commandant de la place,

TEYSSIER.

Mission verbale auprès du gouvernement français. — Comment s'accomplira cette mission? Où, quand, de quelle façon atteindre le siége du gouvernement? Les voyageurs ont à peine pris le temps de s'adresser ces questions. Bravement, ils escaladent les premières hauteurs, au moment même où une reconnaisance ennemie vient de s'en éloigner. A tout hasard, M. Erhardt est prêt à prendre la parole en cas d'indiscrète question des Allemands, dont l'officier qu'il accompagne ignore la langue. La précaution a son utilité. A quelques kilomètres plus loin, un chef de poste les arrête :

— Qui êtes-vous? D'où venez-vous? Où allez-vous?

— Nous sommes des marchands; nous venons pour affaires de la cristallerie de Saint-Louis, et nous retournons chez nous, à Sarreguemines.

8.

Le Tudesque examine longuement les inconnus. Evidemment, il leur trouve l'aspect d'inoffensifs bourgeois, car après un silence :

— Passez, conclut-il.

Ils passent. De loin en loin, un soldat ennemi s'arrête pour les examiner avec ce regard soupçonneux et niais à la fois, particulier à la race germanique. L'officier fume avec acharnement une courte pipe dont les rapides bouffées enveloppent son visage à'un masque de fumée. Une crainte l'agite, celle d'être reconnu par quelqu'un des parlementaires qu'il avait dû, dans ses fonctions d'adjudant de place, recevoir en plusieurs occasions.

On atteint Sarreguemines sans que cette éventualité se soit réalisée. La ville est occupée par 3,000 Prussiens. Une forte escouade est logée dans la maison de M. Erhardt. Par prudence, celui-ci conduit son hôte chez le directeur de l'usine à gaz, M. Hamont, qui ne peut lui-même offrir au lieutenant qu'un lit attenant à un cabinet où sont couchés deux soldats allemands. C'est au bruit de leurs ronflements que l'émissaire s'endort.

Le lendemain, on se concerte. Il est résolu que le lieutenant Mondelli sortira de France par le Luxembourg pour y rentrer par la Belgique. Le 2 novembre au matin, après un voyage passablement accidenté, l'énergique officier touche à Bruxelles. Il y rend visite au ministre de France, M. Tachard, qui l'encourage à poursuivre sa mission. Le 3 novembre, il est à Lille et se présente à Bourbaki.

— Patience, lui dit le général, nous tâcherons d'aller bientôt vous délivrer !

Le général Bourbaki nourrissait-il déjà le projet d'une expédition dans l'Est ?

Conduit auprès de M. Testelin par le général Farre, chef d'état-major général, Mondelli expose l'objet de son voyage en ce qui touche spécialement la pénurie monétaire.

— Je n'ai d'argent que pour les quatre départements du Nord, réplique le commissaire de la République, il m'est impossible de disposer de fonds pour aucun autre emploi.

Ces paroles ne sont que trop justifiées par la nécessité de pourvoir aux besoins des nombreux officiers échappés de Metz qui affluent chaque jour, manquant de tout, réclamant les indemnités dues pour perte d'effets et impatients de reprendre du service.

On engage l'envoyé à pousser jusqu'à Tours. Il y parvient dans la soirée du 5, se rappelle à propos que son régiment a tenu autrefois garnison dans la ville, et, aussitôt, songeant à faire appel aux souvenirs du préfet récemment nommé, M. Durel, qui à cette époque a connu le 86ᵉ, il se rend à la préfecture. Egaré dans un dédale de couloirs, l'officier cherche en vain le cabinet du préfet; un personnage qui passe lui en indique la porte et pénètre dans la pièce avec lui ; après quelques explications, le lieutenant apprend que son introducteur est M. Gambetta en personne.

Il dit alors pourquoi il est venu ; il fait un tableau complet de la petite place assiégée, il raconte les souffrances endurées, retrace les dévouements auxquels il a assisté et parle avec chaleur de ses compagnons d'armes.

— Ce sont des braves ! s'écrie M. Gambetta ; quand la France est témoin de tant de défaillances, d'aussi nobles exemples ne sauraient être trop largement récompensés.

Ordre est donné à l'officier d'apporter, le lendemain, un rapport circonstancié des évènements survenus à Bitche depuis le 6 août. Il ne reste plus à aborder que la question d'argent. Avant de se retirer, le lieutenant Mondelli présente sa requête.

— Les fonds que vous me demandez sont en route depuis deux jours, fait observer le ministre.

Devant cette révélation, son interlocuteur demeure stupéfait.

X

Une particularité ignorée du lieutenant Mon-delli expliquait la réponse du ministre de la guerre.

Quelques jours avant la sortie de Bitche du vaillant officier, préoccupé déjà de la situation pécuniaire, le commandant Teyssier avait fait part de ses appréhensions à deux des visiteurs qui, avec une sollicitude touchante, avaient trouvé l'occasion de s'informer des besoins de la place.

Ces visiteurs étaient M. de Turckheim, ancien lieutenant de vaisseau, habitant un château près de Niederbronn, et M. de Joannis, directeur de forges à Muterhausen.

Par leur intermédiaire, le commandant avait réussi à faire passer un billet, exposant brièvement sa situation, à un fonctionnaire français en Suisse, le comte de Drée, vice-consul à Neuchâtel.

M. de Drée avait compris que le salut de la place pouvait dépendre tout entier de la prompti-tude apportée dans l'envoi des fonds qu'elle ré-clamait. Sa première carrière, — il avait été offi-cier de marine, — l'avait accoutumé à embrasser

d'un coup d'œil les difficultés et les chances de réussite d'une entreprise. La lettre du commandant Teyssier lui était parvenue le 30 octobre au matin; le 30 octobre au soir, il quittait Neuchâtel, confiant à Mme de Drée le soin des affaires du consulat, consistant surtout à délivrer aux militaires qui s'échappaient d'Allemagne les secours nécessaires pour regagner la France.

Le voyageur atteignait Tours le 1er novembre, se présentait à la délégation des affaires étrangères et priait M. de Chaudordy de lui donner accès auprès de M. Gambetta, qui lui faisait remettre 50,000 francs en pièces d'or.

Le 3 novembre, le comte de Drée repart pour Neuchâtel, se munit d'un passeport suisse appartenant à un ami dont le signalement a quelque analogie avec le sien propre, emprunte à cet ami du linge dont la marque doit corroborer les initiales du nom indiqué sur le passeport, et se remet en route, le 5, bien résolu à pousser jusqu'à Bitche.

Il traverse successivement Bâle, le grand-duché de Bade, Strasbourg, Hagueneau; à cette dernière station, le train s'arrête et les voyageurs sont forcés d'en descendre; un cabriolet, trouvé à grand'peine, le transporte jusqu'à Niederbronn.

A Niederbronn, le vice-consul, qui porte dans un sac de nuit ses 50,000 francs, surmonte heureusement la difficulté d'une descente de voiture et d'une marche effectuée sous les yeux des Allemands, auxquels il faut cacher le contenu du colis.

Il arrive chez M. de Turckheim, qui lui offre son coupé pour gagner Muterhausen, où il passe la nuit chez M. de Joannis.

Le lendemain, à la pointe du jour, MM. de Joannis et de Drée partent ensemble pour Bitche, suivent la route de Deux-Ponts, reconnue pour la moins strictement surveillée, esquivent les patrouilles allemandes et parviennent enfin dans la place.

Quelques heures plus tard, le messager sortait de la citadelle, serrant dans son portefeuille la pièce suivante :

Le comité des approvisionnements de la place de Bitche déclare avoir reçu aujourd'hui, 7 novembre 1870, la somme de 50,000 francs de M. le comte de Drée, vice-consul de France à Neuchâtel, qui nous a remis cette somme de la part du gouvernement.

Bitche, le 7 novembre 1870.

Signé : *Les membres du comité des approvisionnements.*

Les officiers de la place avaient offert aux voyageurs un cordial déjeuner.

« Jamais, écrit M. de Drée, repas ne me parut plus délicieux que l'humble festin de la cantinière de Bitche. La gaîté française qui ne perd jamais ses droits, la satisfaction que nous donnait à tous la pensée des devoirs envers la patrie que nous accomplissions chacun de notre côté, l'originalité de la position, tout a contribué à faire de cet épisode un agréable souvenir, le seul de cette époque où les joies furent si rares pour nous tous. »

En arrivant à Tours, le lieutenant Mondelli ne pouvait connaître ces détails. L'annonce que des fonds étaient partis pour Bitche, en l'allégeant du plus pressant de ses soucis, devait lui permettre de retarder son retour et d'appliquer ses soins à l'élaboration d'un projet important au point de vue de la défense.

Grouper en un faisceau compacte les éléments épars dans la place, réunir, à l'unique bataillon du fort, un deuxième bataillon composé des isolés du camp retranché, former un régiment de marche qui, en cas d'opérations au dehors, présenterait des garanties de solidité qu'il est impossible d'attendre de faibles détachements distincts les uns des autres, tel est le plan combiné de longue

main et à la réalisation duquel s'est opposée jusqu'ici l'absence de pouvoirs réguliers.

Sur la demande du ministre, l'officier rédige
un mémoire détaillé. S'inspirant des intentions
qui lui ont été communiquées par le commandant de la place, ainsi que d'un mémoire de
propositions rédigé par M. le commandant
Bousquet, il désigne les chefs et les soldats de
toutes armes, qui se sont signalés, n'omettant qu'un
seul nom : le sien. Il a plusieurs entrevues avec
le chef du personnel, M. le général de Loverdo.

Un décret sanctionne la formation d'un régiment de marche, le 54°. En vertu d'un autre décret, le commandant Teyssier est promu au grade
de lieutenant-colonel, investi de pleins pouvoirs
pour les nominations aux grades inférieurs à titre
provisoire et pour les dispensations de croix et
de médailles, sauf approbation ultérieure du gouvernement. Le chef de bataillon Bousquet est
nommé lieutenant-colonel commandant le 54° de
marche ; les capitaines d'infanterie Blusset et Fenoux, le capitaine du génie Guéry, sont nommés
chefs de bataillon ; le capitaine d'artillerie Jouart
est décoré ; le lieutenant Mondelli, qui a décliné
pour lui-même un avancement en grade, est créé
chevalier de la Légion d'honneur et désigné pour
être porté à l'ordre de l'armée.

9

Le courageux ambassadeur reprend le chemin de Bitche, justement fier du résultat de sa mission. A son passage à Lille, il se procure un passeport au nom de Margollé (Paul), voyageur de commerce, allant en Belgique et Luxembourg. Le 15 novembre, il est à Bruxelles, le 16 à Luxembourg, le 17 à Saarbrück, le 18 à Sarreguemines, où il retrouve M. Erhardt. Une carriole est préparée ; tous deux y prennent place et, malgré l'heure avancée, se dirigent vers les hauteurs.

Plus que les rondes ennemies, ils ont à redouter le feu des sentinelles de Bitche. Heureusement, les chefs de poste sont avertis. Après avoir dépassé la ferme du Freudemberg, descendu la côte et remisé leur voiture derrière un monticule, nos voyageurs se glissent jusqu'aux avancées de la porte de Phalsbourg et se font reconnaître.

Le 19, le lieutenant Mondelli rend compte de sa mission au commandant de la place :

RAPPORT

J'ai l'honneur, mon colonel, de vous rendre compte des résultats de la mission dont vous m'avez chargé auprès du gouvernement :

Parti du fort de Bitche le 30 octobre dernier, je n'ai pu arriver à Tours que le 5 novembre et être présenté à M. le ministre de la guerre que le 6, à huit heures du soir. Je lui ai dépeint la situation de la place dans les termes que vous m'avez indiqués, et je lui ai fait part du désir que nous avions d'entrer en relation avec le nouveau gouvernement ;

Que notre intention était de tenir jusqu'au bout, malgré notre isolement, et que nous pourrions le faire indéfiniment si nous avions l'argent indispensable à nos approvisionnements et à ceux des hôpitaux ;

Que nous ne pouvions pas compter sur les ressources des villages voisins, pas plus que sur celles des habitants de la ville, puisque ceux-là étaient occupés ou trop éloignés et avaient déjà été requis par l'ennemi et que ceux-ci avaient vu leurs meubles et immeubles incendiés ou détruits.

M. le ministre me répondit que ces deux questions étaient résolues depuis deux jours, par l'intermédiaire d'une personne de Neuchâtel.

J'abordai ensuite la question des récompenses... M. le ministre parut très satisfait : « Je serai heureux, me dit-il, de récompenser tous les braves qui résistent avec opiniâtreté. » Je lui fis remarquer qu'il y avait plusieurs corps et plusieurs services dans la place, qui, eux aussi, méritaient d'être récompensés, surtout le corps de l'artillerie ; que le camp retranché, à côté de quelques mauvais sujets dont on faisait justice, renfermait des hommes de dévouement qui avaient fait leurs preuves conduits par leurs officiers ; que le commandant de la place, ne voulant pas compromettre ma mission, n'avait pas cru devoir me donner un mémoire écrit, mais qu'il m'avait fait part de ses intentions.

Le ministre me demanda un rapport pour le lendemain ; je ne pus le lui remettre en mains propres, à cause de ses occupations ; mais, à six heures du soir, il m'envoya un de ses représentants qui prit connaissance du rapport, me promit de le communiquer dans la soirée et m'engagea à venir le 8 au matin pour connaître le résultat.

Ce rapport indiquait d'une manière plus étendue tout ce que j'avais pu dire verbalement la veille. A propos du projet de la formation d'un deuxième bataillon, je disais :

Le 86ᵉ est formé d'un bataillon de 750 hommes environ ; ses cadres sont au complet ; on pourrait former aisément un deuxième bataillon ; les éléments ne manquent pas, aussi bien dans l'infanterie du camp retranché que parmi les jeunes gens de l'arrondissement qui n'ont pu rejoindre les corps pour lesquels ils étaient destinés. On les ferait prévenir adroitement ; il n'y a ni habillement, ni équipement, mais on possède des armes, l'ingéniosité des chefs suppléerait au reste.

Je donnais la composition des différentes armes, et je demandais pleins pouvoirs pour décerner des récompenses à toutes les armes de la garnison, puisque les règlements n'en attribuaient pas le droit à un chef de bataillon, commandant une place isolée.

Dans le cas où ces pleins pouvoirs ne vous seraient point donnés, le rapport fixait un chiffre de six croix et une trentaine de médailles pour l'artillerie, la douane, le camp retranché et les différents services isolés.

Ce chiffre, disais-je, peut paraître élevé à première vue, mais il est justifié par le grand nombre des sous-officiers du camp retranché, dont quelques-uns et beaucoup de soldats blessés, au pouvoir de l'ennemi, à demi-guéris, se sont évadés pour venir se mettre à la disposition du commandant de place ; par les services exceptionnels de l'artillerie et par de graves blessures qui ont atteint quelques vieux braves douaniers; en un mot, par la composition tout hétérogène de notre garnison, puisque le camp retranché à lui seul est formé de 72 corps différents (cavalerie et infanterie), débris de Wœrth, Reischoffen, etc...

Le 8 au matin, le représentant du ministre, qui m'avait

reçu la veille, m'apprit que M. le ministre s'intéressait beaucoup à la situation de Bitche ; que son intention était de récompenser tous les militaires qui en étaient dignes, parce qu'il tenait essentiellement à la résistance des places fortes, mais qu'il serait très long de régler le tout séance tenante, en raison des nombreuses demandes faites et des différentes armes à satisfaire. Il m'annonça, du reste, que le commandant de la place, nommé lieutenant-colonel, serait revêtu de pleins pouvoirs, et, en attendant qu'il décernât des récompenses, M. le ministre donnait, dès à présent, une croix d'officier, trois croix de chevalier et le grade de capitaine à un lieutenant.

Sur quelques justes observations que je fis pour faire donner sur les lieux les grades supérieurs que vous demandiez, un nouveau rendez-vous me fut assigné pour onze heures du soir ; le projet élaboré plus largement, approuvé le lendemain matin par M. le ministre de la guerre, comprit toutes les nominations à l'appui desquelles j'ai apporté les lettres d'avis, ainsi que l'ordre de constitution d'un 2ᵉ bataillon au 86ᵉ, et pleins pouvoirs pour le lieutenant-colonel commandant la place.

La multiplicité des affaires à résoudre par les bureaux du ministère, qui travaillaient jour et nuit, ne m'a pas permis de traiter différentes questions, telles que celles de l'organisation de l'artillerie en batteries et de la cavalerie en pelotons, en raison de leur effectif élevé.

Mais j'ai la ferme persuasion que, par analogie à la formation d'un 2ᵉ bataillon d'infanterie, M. le ministre de la guerre aurait accordé toutes les formations faites dans l'intéret du service...

Je ne terminerai pas, mon colonel, sans vous dire que j'ai vu, en allant et en revenant, MM. le général Bourbaki, le

9.

général Farre, chef d'état-major de l'armée du Nord, le commissaire du gouvernement de la partie nord de la France, le préfet d'Indre-et-Loire, le ministre de la guerre, l'ambassadeur de France à Bruxelles, et que tous ont rendu hommage à la ferme résistance de Bitche.

M. Gambetta devait me donner une lettre de félicitations pour le commandant de la place et les troupes de la garnison ; mais l'arrivée de M. Thiers ne m'a plus permis d'être reçu par le ministre.

J'ai l'honneur d'être, mon colonel, etc.

MONDELLI,
Lieutenant au 86e de ligne.

Le retour du négociateur est une véritable fête pour les camarades dont les vœux l'ont accompagné dans sa délicate mission.

On le félicite, on l'entoure, on le presse de questions ; les paroles d'espoir qu'il apporte, l'activité dont il a été témoin, la formation d'armées nouvelles, la ferme attitude de Paris, le réveil en masse du pays, les prévisions d'une prochaine offensive, et, pardessus tout, l'annonce du succès de Coulmiers, rendent à tous les cœurs leurs illusions des meilleurs jours.

XI

La modération avec laquelle le commandant Teyssier use du droit que lui a conféré le ministre

de la guerre, contraste étrangement avec l'orgie
de décorations et de grades que l'on a vu, ailleurs,
s'étaler librement.

Des trois croix attribuées au bataillon du 86ᵉ de
ligne, deux sont accordées aux capitaines Palazzi
et Malifaud, l'autre au sergent Monnier-Lambert,
qui, tous, ont plus de vingt années de service.
Sont décorés également, parmi les autres corps :
le capitaine d'artillerie Lair de la Motte, un héros ; le lieutenant Dessirier, du 2ᵉ zouaves, entré
dans la place en s'échappant d'une ambulance
prussienne où il était en traitement ; le sous-lieutenant Labarbe, du 30ᵉ de ligne ; le capitaine
d'artillerie Lesur ; le capitaine de gendarmerie
Mathieu ; l'inspecteur des douanes Narrat ; le
sous-lieutenant Robin, du 49ᵉ de ligne ; l'officier
d'administration Souquet, du service des hôpitaux. La formation du 54ᵉ régiment de marche
entraîne la promotion de plusieurs lieutenants au
grade de capitaine ; le lieutenant Mondelli est du
nombre. Les sous-lieutenants, à leur tour, passent lieutenants ; des sous-officiers prennent leurs
places.

Le 54ᵉ de marche comprend 10 compagnies,
chacune de 160 hommes ; capitaines : Palazzi,
Ravaine, Désoubry, Hardy, Fargeas, Mondelli,
Ravenel, Bedel, Leymarie et Eyrier. Brave régi-

ment! Il rappelle un peu, par la tenue, ceux que la première République jetait vers les frontières contre l'envahisseur. Dans ses rangs se coudoient les costumes les plus disparates : zouaves, chasseurs à pied, cavaliers démontés, lignards à la tunique usée, dépenaillée, grognards en paletot, volontaires en blouse... Il faut ramener cet ensemble à l'uniformité de costume sans laquelle il n'est point d'esprit de corps possible.

Le lieutenant-colonel Bousquet utilise les éléments très incomplets dont il lui est permis de disposer. Le sous-intendant et les officiers d'administration s'ingénient à trouver les matières premières pour la confection des effets. D'un monceau de shakos abandonnés au début de la guerre, on fait des cartouchières, des porte-sabre; des harnais des chevaux mangés, on fabrique des ceinturons; avec les coiffes intérieures et les visières des shakos, des débris de tuyaux de pompes et des pantalons hors d'usage, on confectionne des képis.

Pendant la période des ravitaillements, des patriotes de plusieurs villes d'Alsace, jusqu'à Ribeauviller et Sainte-Marie-aux-Mines, par l'intermédiaire d'un notaire de Bischwiller, M⁀ Diehl, ont adressé à Bitche un important envoi de drap noir : voilà de quoi tailler tuniques et capotes. De bonnes gens de Sarreguemines ont expédié du

cuir : nos soldats auront des souliers. Il n'est pas
jusqu'à des liqueurs, des médicaments, des pièces
de flanelle, des tricots, des bas, des couvertures,
dont l'ingénieux patriotisme des localités environnantes ne se soit plu à combler les assiégés ; le
généreux M. Erhardt se distingue par des dons
d'argent ; il risque dix fois sa vie pour introduire
dans la place deux tonneaux de vin destinés aux
malades. Il n'est pas jusqu'à une musique, dont le
lieutenant-colonel Bousquet ne veuille doter son
régiment...

Placés le plus souvent en arrière du champ de
bataille, avec les bagages des colonnes en marche, les musiciens, dans une déroute, sont fatalement les premiers à la retraite. A cette circonstance, Bitche doit de posséder un certain nombre
d'instrumentistes ; quelques-uns sont *désarmés*
de leurs instruments : une caisse de vieux cui-
vres, découverte dans les magasins du fort, comble à propos cette lacune. La fanfare, à dire vrai,
n'est pas des plus harmonieuses ; telle qu'elle est
composée, cependant, elle aidera à distraire des
rigueurs de l'hiver ; et quand, du haut de leurs
remparts, les musiciens soufflent tour à tour dans
leurs doigts et dans leurs trombones, en jouant
l'air de Béranger : « *Les gueux, les gueux,
sont des gens heureux,* » adopté par le régiment

comme un refrain de circonstance, soldats et habitants relèvent fièrement la tête et, pendant un instant, un philosophique sourire vient illuminer ces physionomies sur lesquelles l'angoisse a posé sa rude empreinte.

Cependant, en dépit de la plus stricte économie, l'argent commence à manquer encore. La sacoche apportée par M. de Drée n'a pas tardé à se vider. Il faudra retourner à Tours solliciter un secours en espèces. Cette fois, c'est un citoyen de la ville, M. Blanchet, qui s'offre pour cette tâche ardue. Ses services antérieurs sont garants du zèle qu'il saura déployer pour la cause commune. . Le commandant de la place lui donne ses instructions.

Il y a dans Bitche une surabondance d'officiers. Le colonel Teyssier autorise également à sortir de la place, à leurs risques et périls, trois d'entre eux, désireux de rejoindre l'armée du Nord : MM. Villebois, du 99e, Baron, du 48e, et Gache, du 49e. Ce dernier revient de Lille à la fin de novembre, porteur de 50,000 fr. que M. Testelin lui a remis en même temps que l'ordre, de la part du gouvernement, à tous les officiers dont la présence dans la place n'est pas indispensable, de se rendre au plus tôt à l'une des armées de l'intérieur, pour y coopérer à la formation des cadres.

L'invitation est chaudement accueillie par
MM. Tamisier, capitaine au 99ᵉ de ligne ; Morlet,
capitaine au 27ᵉ ; Lair de la Motte ; Lesur, Poulleau, capitaines d'artillerie ; Chantereau, capitaine au train ; Dessirier, lieutenant du 2ᵉ zouaves ; Merlin, du 3ᵉ ; Dabrin , lieutenant aux
tirailleurs ; Camusat, capitaine ; Labarbe, sous-
lieutenant du 30ᵉ de ligne ; Pélissier, sous-lieutenant au 12ᵉ chasseurs à cheval ; Potelet, Truc,
Handhauer, officiers d'administration ; Morache,
médecin, et divers aides et sous-aides-majors.

Ces officiers ne peuvent quitter la place que
sous un déguisement.

Les populations leur prêtent un concours actif
et font preuve, en cette occasion, d'une discrétion
bien précieuse ; car, quoique les fugitifs s'éloignent isolément et s'enveloppent du plus absolu
mystère, la moindre divulgation suffirait pour tout
perdre.

Chacun d'eux franchira donc les lignes sous
des vêtements d'ouvrier ; les forges et verreries
qui avoisinent Bitche fournissent un prétexte naturel à cet accoutrement, que parachève soit un
livret de travailleur, soit une lettre de recommandation délivrée par un civil, et portant tantôt
l'adresse de M. de Joannis, aux ateliers de Mut-
terhausen ; tantôt celle de M. Valter, maire et ad-

ministrateur des forges de Gœlzenbruck; tantôt
celle de M. Didierjean, administrateur des cristal-
leries de Saint-Louis.

On attribue à chaque partant une profession
en rapport avec son âge, son extérieur, la rudesse
ou la blancheur de ses mains, que le prévoyant M. Lamberton a le soin d'examiner tout
d'abord.

Pour compléter la vraisemblance, de dignes et
excellentes femmes, des mères de famille emme-
nant avec elles leurs enfants, escortent les faux
ouvriers, prêtes à les faire passer, au besoin, pour
leurs maris ou pour leurs frères.

Quatre officiers partent successivement avec
les papiers d'un aubergiste du nom de Bournique.

Madame Bournique les accompagne, conduisant par la main son jeune fils, pendant que, trem-
blant pour eux, le pauvre aubergiste se demande
si les Prussiens, à la fin, ne s'étonneront pas de
voir défiler à leurs avant-postes tant de maris
au bras d'une seule épouse.

Une belle jeune fille (aujourd'hui madame
Lefresne, cantinière au 106e de ligne), conduit
hors des lignes deux officiers, supposés l'un son
père, l'autre son frère...

Après la régularisation des différents services,

qui dut suivre ces départs, la garnison de Bitche comprenait :

Rationnaires de toute nature

Officiers ou assimilés. 77
Troupe, voituriers requis, etc . . . 2777
Cantinières 34
Chevaux 310

Aux Hôpitaux

Officiers 2
Troupe. 106

Les cadres étaient composés comme suit :

CONSEIL DE DÉFENSE

MM. Teyssier, lieutenant-colonel à l'état-major des places, commandant supérieur de la place ;

Bousquet, lieutenant-colonel commandant le 54ᵉ de marche ;

Guéry, chef de bataillon du génie, commandant le génie de la place ;

Jouart, capitaine d'artillerie, commandant l'artillerie de la place ;

Narrat, inspecteur des douanes, commandant le bataillon des douaniers ;

Simon, adjoint de 1ʳᵉ classe à l'intendance, chef des services administratifs.

Secrétaire archiviste : M. Brunel.

Secrétaire adjoint : M. Dumont fils.

10

PRÉVOTÉ

M. Mathieu, capitaine de gendarmerie, ayant sous ses ordres trente gendarmes.

CAMP RETRANCHÉ

MM. Saint-Cyr, capitaine, commandant adminis_trativement le camp retranché;

Vidard, sous-lieutenant aux tirailleurs algériens;

Tonnelier, sous-lieutenant aux tirailleurs algériens;

Commandant soixante turcos préposés à la garde du fortin.

ARTILLERIE

MM. Jouart, capitaine commandant l'artillerie de la place;

Rossin, capitaine en retraite à Bitche, admis à titre auxiliaire;

Labourgade, sous-lieutenant;

Delahaye,   id. ;

Rigaux,   id.

SERVICE DE SANTÉ

MM. Lagarde, médecin en chef des hôpitaux et ambulances;

MM. Hériot, médecin aide-major de 1re classe;

Poignon, médecin aide-majer de 2e classe;

Roberdeau, médecin sous-aide-major;

Willigens, id.;

Colrat, médecin auxiliaire requis;

Francoz, id.;

Charpy, id.;

Ulrich, pharmacien aide-major de 1re classe;

Passabosc, pharmacien aide-major de 2e classe.

Souquet, officier d'administration des hôpitaux;

Croquevielle, adjudant d'administration des services de l'intendance et des hôpitaux;

Frey, officier comptable du 5e corps (ambulances et campements);

De Costa, id.

DOUANES

MM. Narrat, inspecteur, commandant le bataillon;

Pradal, sous-inspecteur;

Tilmont, lieutenant, faisant fonctions d'adjudant-major.

1re *compagnie*. MM. Génin, capitaine;

Mayer, lieutenant;

Wilhelm, sous-lieutenant.

2ᵉ compagnie. MM. Jeannot, capitaine ;
                     Buzy, lieutenant ;
                     Lamy, sous-lieutenant.

3ᵉ compagnie. MM. Dumont, capitaine ;
                     Laurent, lieutenant ;
                     Reitz, sous-lieutenant.

54ᵉ RÉGIMENT DE MARCHE.

MM. Bousquet, lieutenant-colonel, commandant ;
     Blusset, chef de bataillon ;
     Fenoux,   id.
     Malifaud, capitaine adjudant-major ;
     Rapart,   id.
     Hériot, médecin-major ;
     Poignon, médecin aide-major.

Capitaines : MM. Palazzi, Raveine, Désoubry, Hardy, Fargeas, Mondelli, Ravenel, Bedel, Leymarie, Eyrier.

Lieutenants : MM. De Nonancourt, Gabarrou, Neurisse, Cassaigne, Robin, Lebon, Second, Garderein, Broc, Ménétrez.

Sous-Lieutenants : MM. Halbitzel, Petit, Lelu, Mauchauffée, Laurent, Ségui, Wilhem, Hermitte, Guerville, Birhans.

Enfin, la municipalité réorganisée avait à sa tête :

MM. Lamberton, faisant fonctions de maire;
Maurer, adjoint;
Mauss (Eusèbe), commandant de la milice armée.

Grâce aux 50,000 francs du capitaine Gache, se trouvait soldé un arriéré dont le total devenait inquiétant; mais il fallait, pour l'avenir, assurer la paie des troupes.

De Sarreguemines, un matin, parvient, par Mme Erhardt, la nouvelle qu'une somme de 100,000 francs environ existe, à 44 kilomètres, dans les caisses de la Société des Salines de Sarralbe; les directeurs, ajoute-t-on, seraient tout disposés à verser ce montant entre les mains des autorités françaises, plutôt que d'avoir quelque jour à en faire abandon aux pillards allemands.

Qui ira s'emparer de ces 100,000 francs? Encore le capitaine Mondelli. Après avoir, tant à l'aller qu'au retour, déjoué trois ou quatre embuscades, trompé la surveillance d'une demi-douzaine de patrouilles, l'infatigable pionnier rapporte de son excursion 5,000 francs seulement. Cette somme lui a été remise par l'un des directeurs des Salines, M. Dornès, qui a tenu à participer par un prêt personnel à la belle résistance de

10

Bitche. Quant aux 100,000 francs, ils sont effectivement dans les caisses, dont l'une est dirigée par un Allemand ; leur disparition entraînerait des représailles de la part des envahisseurs qui, déjà, les ont réquisitionnés.

En revanche, M. Blanchet, après dix-sept jours d'absence, revient de Tours avec 50,000 fr. Celui-là aussi, simple voyageur de commerce, est un de ceux qu'a ruinés le bombardement de la ville. Tout comme un autre, il a su contempler d'un œil stoïque sa maison incendiée, sa fortune engloutie. Il n'en reprend pas moins modestement sa place, sans même paraître se douter qu'il a fait acte d'héroïsme.

Aucune mesure n'est négligée par le commandant assiégé. Il sonde tous les points où des ressources peuvent l'aider à maintenir la garnison pourvue de vêtements et approvisionnée de vivres. C'est ainsi que, après la chute de Metz, un adjudant d'administration, M. Schmitt, a été envoyé dans cette place pour s'informer de la possibilité de faire profiter Bitche des ressources qu'elle possédait en excédant monétaire. En dépit d'un zèle et d'une intelligence mis au service de la plus sainte des causes, M. Schmitt a échoué. Le moment paraissant venu d'effectuer une nouvelle tentative, le sous-inspecteur de la douane Pradal reçoit la mission de se rendre à Metz, afin de s'assurer le montant nécessaire au payement des appointements arriérés des douaniers, qui n'ont reçu, jusqu'alors, que la solde de la troupe.

Ces braves gens, pour la plupart, sont pères de famille ; ils ont laissé, dans les localités où ils résidaient, leurs enfants et leurs femmes, et le sort de ces êtres chers est le sujet constant de leurs inquiétudes. M. Pradal réussit dans son entreprise. Grâce à lui, plus d'une infortune silencieuse, plus d'une existence de privations stoïquement supportées renaissent à l'espoir. Et les vaillants défenseurs de Bitche, délivrés de préoccupations personnelles, s'adonnent tout entiers à cette pensée unique : la résistance.

Décembre s'écoule, exempt d'incident grave. L'hygiène et le moral du soldat se soutiennent par un labeur incessant, une discipline rigoureuse. Le respect des réglements est assuré par une sévérité qui ne transige avec aucune infraction.

Au cours de janvier, des engagements d'avant-postes, fréquemment renouvelés, rompent la monotonie de l'attente passive. L'ennemi a rapproché ses grand'gardes. Les relations avec l'extérieur sont devenues plus difficiles. L'échange des lettres par Schweix a cessé tout d'un coup; les Allemands, à la longue, ont remarqué, à ce bureau de poste, les arrivées et les départs périodiques de lettres revêtues des mêmes suscriptions : le ma- nége, éventé, a pris fin et ceux qui le favorisaient ont dû se soustraire aux recherches.

Par contre, des journaux parviennent quoti- diennement dans la place. Un service à peu près régulier a été étabi à cet effet par la propriétaire d'un café, Mme veuve Lutwiller, qui reçoit, à Lemberg, l'*Indépendance belge* et le *Journal de Genève*. Chaque matin, par les ravins et les bois, un jeune garçon franchit les neuf kilomètres qui séparent Lemberg de Bitche. Avec quelle ponctualité les officiers s'assemblent à l'heure du courrier, avec quelle religieuse attention ils écou- tent, jusqu'au dernier mot, la lecture faite à tour de rôle, on l'imagine aisément.

Les commentaires se font jour ensuite; chacun explique son plan de campagne; rarement les ga- zettes apportent d'autre nouvelle que celle d'un revers, mais du moins on échappe aux anxiétés de l'incertitude. Malgré tout, on espère, et, à tra- vers ces récits des feuilles étrangères, c'est l'âme de la France que l'on sent palpiter.

A l'expiration du mois, un de ces journaux an- nonce la capitulation de Paris. Paris va ouvrir ses portes aux Prussiens!

Pendant quelques heures, une sensation de stu-

peur engourdit nos soldats ; affaissés sous le poids
d'une prostration invincible, ils s'offorcent de douter, luttant contre l'évidence, faisant appel à l'esprit de la loi qui commande aux assiégés de rester
indifférents à tout bruit du dehors.

Mais des détails circonstanciés viennent con-
firmer l'accablante nouvelle. Bientôt, le doute
n'est plus possible. La consternation se répand
dans la place ; de tous les yeux s'échappent des
larmes de rage ; les défenseurs de Bitche contemplent, le cœur serré, le drapeau qui flotte au som-
met de leur forteresse, ce drapeau glorieux, image
du sacrifice et du devoir, et que bientôt, peut-être,
doit remplacer celui des conquérants.

Des postes avancés, on croit entendre au loin le
canon. Autrefois, c'était l'espoir ; aujourd'hui,
c'est la tristesse. Que peut présager ce canon, sinon une dernière victoire de l'adversaire?

XII

Dans la nuit de 31 janvier au 1er février, les
sentinelles du château signalent, sur la ligne du
chemin de fer, un feu à la lueur duquel l'ennemi
paraît se disposer à procéder à l'enlèvement des

rails. Jusqu'à l'aube, nos pièces envoient des projectiles dans cette direction. Tandis qu'elles lan-
cent leurs dernières bordées, accourt au galop de
son cheval, un officier ennemi. Mais le feu de la
place ralentit l'ardeur du cavalier. Il s'arrête,
tourne bride et disparaît. Une heure plus tard, on
annonce un parlementaire :

— Qu'avez-vous fait ! s'écrie ce messager,
quoi ! Vous persistez à tirer le canon l

— Certes !

— A cette heure !

— Pourquoi non ?

— Vous le sauriez si, tantôt, vous n'aviez
éloigné notre chef... Le colonel Kollermann, depuis quelque temps, a repris le commandement des
troupes assiégeantes ; il venait en personne vous
annoncer la conclusion d'un armistice... en attendant la paix.

Un armistice ! On s'entre-regarde en secouant
la tête. La paix ! allons donc ! Paris tombé, ne
reste-t-il pas la France ? On veut douter ; les regards semblent dire : Ces gens nous trompent,
leur mensonge déguise quelque ruse de guerre...

— Le colonel, poursuit l'envoyé, vous appor-
tait des paroles de conciliation, et c'est à coups de
canon que vous le recevez ! Il est revenu indigné
de voir Bitche continuer les hostilités au moment

même où votre pays renonce officiellement à la lutte.

— Retirez-vous, réplique-t-on, nous n'avons aucun ordre de notre gouvernement.

— Mais j'ai des preuves à vous montrer !

— Inutile, elles seraient sans valeur à nos yeux : aussi longtemps que nous n'aurons pas reçu de communication directe, nous continuerons à tirer sur tout ennemi qui s'avancera à portée de la place.

Le parlementaire insiste :

— Voici une dépêche du gouverneur de l'Alsace-Lorraine qu'il est de mon devoir de vous communiquer.

La dépêche porte :

Un armistice est conclu avec la France jusqu'au 19 Février. Je vous adresserai ultérieurement les clauses détaillées de cet armistice.

Qu'importe ! Ce sont là les affaires de la Prusse, non les nôtres. A ceux qui défendent Bitche, le pays a confié une forteresse à garder : ils la garderont jusqu'au jour où le pays en aura décidé autrement.

— Mais c'est vouloir rester en hostilité ouverte avec nous, reprend l'Allemand, c'est nous pousser à quelque extrémité que vous regretterez...

— D'accord ; entendez-vous nous attaquer ? Libre à vous. Nous voulons rester libres de nous défendre.

— Ainsi, pas de trêve conclue, pas de convention d'aucune sorte?

— Non ; nul engagement qui restreigne nos mouvements, tant que le gouvernement n'aura pas délié Bitche par des instructions authentiques.

Cette affirmation de principes paraît clore la discussion.

Il est bien évident que les avances de l'ennemi pourraient cacher un piége. Indépendamment de l'absence d'instructions, comment accepter l'armistice dans l'état de *statu quo*, c'est-à-dire les deux parties gardant leurs positions respectives? Pendant que, dans la place, nos troupes demeureraient immobiles, les Bavarois n'auraient qu'à établir, en arrière des hauteurs, de façon à nous masquer ces préparatifs, des batteries qui, en cas de reprise des opérations, réduiraient en peu d'instants le fort à l'impuissance.

Même, l'hypothèse d'une convention d'armistice admise et Bitche étant comprise dans cette convention, le soin de notre sécurité ordonnait d'exiger de l'adversaire qu'il se retirât dans un rayon nettement délimité et qu'une zône neutre, fixée d'un commun accord, assurât l'avenir contre toute cause accidentelle de rupture.

Mais s'il est hors de doute que la convention existe, il n'est pas moins certain — quelque invraisemblable que cela paraisse — que Bitche n'y figure en aucune façon.

Dans la matinée du 5 février, deux nouveaux parlementaires apportent, sous pli cacheté, une copie en français de ladite convention, conclue pour le pays entier, sauf Belfort et l'armée de l'Est.

Les places de Givet, de Langres, encore investies par l'ennemi, sont comprises dans l'armistice.

Tout est prévu, tout est réglé, tout..., à l'exception de Bitche, aussi oubliée que si ses remparts, depuis six mois, n'avaient pas immobilisé les forces d'un assaillant plein d'audace.

L'origine de cette omission? Sans doute l'effarement de cette heure critique, la précipitation d'une solution hâtive; deux centres de gouvernement, l'un à Paris, l'autre à Bordeaux, en divergence de vues; un conflit d'opinions entre M. Jules Favre, négociateur, et M. Gambetta, partisan de la lutte à outrance. Evidemment, si le souvenir de Bitche échappait à la diplomatie française, la diplomatie allemande, peu soucieuse de provoquer des revendications en échange d'une place qui résistait encore, n'avait garde de le lui rappeler.

Que faire en une telle occurrence? Se rallier

11

strictement aux prescriptions de la loi : tenir
jusqu'à épuisement de munitions et de vivres.
Pour des soldats habitués au respect des règlements
et fermement décidés à n'obéir qu'à des inspira-
tions loyales, toute difficulté était tranchée d'a-
vance. Le devoir n'est-il pas le guide le plus sûr ?

On attendait une communication du gouvernement ; cette communication n'arrivant pas, le
capitaine Mondelli offre de se rendre à Bordeaux
pour y chercher des ordres.

Le conseil de défense, assemblé, accepte sa pro-
position. Dans le but de faciliter l'entreprise, un
laisser-passer est sollicité du commandant des
forces ennemies.

Ce dernier répond, le 6, au commandant de la
place :

> Monsieur le colonel,
>
> Demain, je ferai partir un officier de ma suite pour Stras-
> bourg, afin de demander au gouverneur un sauf-conduit pour
> M. le capitaine Mondelli, se rendant à Paris.
>
> Mon officier sera probablement de retour le soir même ;
> alors, après-demain matin, j'aurai l'honneur de vous envoyer
> la réponse.
>
> Agréez, etc.
>
> Colonel KOLLERMANN.

Le 7, sans doute en possession des ordres de
l'autorité militaire de laquelle il relève, le chef

assiégeant écrit que le gouverneur de Strasbourg a cru devoir lui-même en référer au grand quartier général, à Versailles.

Plusieurs journées se passent à espérer une réponse qui ne vient pas. Peut-être, en présence des dispositions belliqueuses que manifeste la place, l'ennemi préfère-t-il éviter, entre Bitche et Paris, des communications susceptibles d'amoindrir les exigences du vainqueur. Cependant, la situation intérieure se complique; un malaise moral a envahi les troupes, chez lesquelles la certitude du désastre final a brisé ce grand ressort : l'espérance ; le froid sévit avec rigueur, une neige épaisse couvre le sol, l'humidité pénétre les abris improvisés; une vague inquiétude hante l'esprit du soldat. Le 11 février, M. Mondelli se décide à partir. Le nord de la France étant occupé, il doit renoncer à voyager par le Luxembourg et la Belgique.

Muni d'un bon guide, il se dirige vers Wissembourg, à travers des chemins que l'ennemi surveille étroitement; il parvient à Bordeaux le 17 au matin.

Le brave capitaine ne tarde pas à s'apercevoir que, pour un homme de sa trempe, il est plus facile de jouer le rôle d'assiégé dans Bitche que celui d'assiégeant autour du gouvernement. Les

séances de l'Assemblée sont laborieuses, on recons-
titue un ministère, MM. Thiers et Jules Favre
sont à la veille de regagner la capitale. L'émissaire est reçu par le général Leflô, qui le renvoie à
son aide-de-camp, le colonel Barry, qui le renvoie au général Suzanne, ministre par intérim à
Paris. Il quitte Bordeaux pour Paris, où il arrive
le 22 février et d'où il expédie au colonel Teyssier
l'importante lettre suivante, que lui a remise, pour
le commandant de Bitche, le ministre de la guerre :

Bordeaux, le 19 février 1871.

Mon cher colonel, M. le capitaine Mondelli m'a rendu
compte de votre situation si digne d'intérêt de toute façon.

Par une omission que je regrette profondément, M. Jules
Favre, notre négociateur avec l'état-major allemand, n'a pas
mentionné votre place de Bitche, que vous avez défendue
pourtant avec assez d'honneur pour qu'on ne l'oubliât pas
dans la convention.

J'ai écrit aujourd'hui même à M. Thiers, qui sera à Versailles après-demain, pour qu'il soit stipulé en faveur de
Bitche, dans la première conférence, au moyen d'un codicille
à ajouter à la convention du 1er février.

Vous vous trouverez ainsi compris régulièrement dans l'armistice.

Je dis régulièrement ; car, en principe, il ne saurait être
douteux que le bénéfice de cet armistice ne s'étendît à votre
place comme à celles de Besançon et d'Auxonne. Quoiqu'il
en soit, je vous autorise, dès à présent, à accepter la suspension d'armes qui vous a été offerte par le commandant des
troupes prussiennes que vous avez devant vous. Vous devriez

éviter tout renouvellement d'hostilités qui ne pourraient entraîner, pour votre brave garnison, qu'une continuation de sacrifices désormais inutiles, en raison de votre situation complètement isolée.

Si la paix se conclut, j'espère que vous n'aurez pas à abandonner une place qui restera française, et si, par un malheur que je ne veux pas admettre, il en était autrement, vous recevriez en temps opportun, les ordres et les instructions nécessaires.

Recevez, en attendant, toutes mes félicitations sur l'énergique résistance que vous avez opposée à l'ennemi ; félicitez votre brave garnison, etc., etc.

Le ministre de la guerre,

Signé : Général LE FLO.

A Paris, l'envoyé erre à travers les ministères. Le général Suzanne lui demande un rapport. Un rapport en un pareil moment ! Le chef de cabinet du ministre par intérim, M. de Clermont-Tonnerre, expédie à Bitche, par la voie allemande, des dépêches recommandant une suspension immédiate des hostilités ; il promet que des instructions précises suivront de près.

Il avait d'abord écrit au capitaine Mondelli :

Paris, le 24 février 1871.

Mon cher camarade,

Il n'y a encore rien de décidé relativement à la place de Bitche... Si demain j'avais quelque chose à vous dire, je m'empresserais de vous le faire savoir. Dans tous les cas, je

11.

suis tout à votre disposition quand vous voudrez bien prendre la peine de passer à mon cabinet.

Recevez, etc.

Le colonel chef du cabinet,

Comte DE CLERMONT-TONNERRE.

Une semaine plus tard, il lui transmet le sauf-conduit que les Prussiens se sont enfin décidés à délivrer :

1er mars 1871.

Mon cher camarade,

Je vous adresse, exclusivement pour n'en pas conserver le dépôt, le laissez-passer que les autorités allemandes me font à l'instant parvenir.

J'espère vous rendre, demain ou après-demain, votre liberté.

Veuillez recevoir, mon cher camarade, etc.

Le colonel chef du cabinet,

Comte DE CLERMONT-TONNERRE.

Cependant, la paix est signée et une solution continue à se faire attendre. — M. Mondelli est témoin d'un échange de lettres entre Paris et Bordeaux pour le règlement de cet étrange litige. Ces pourparlers restent sans résultat.

Le 4 mars, impatienté de tant d'inexplicables délais, inquiet de l'impression que peut produire sa longue absence, le capitaine reprend tristement le chemin de Bitche, où, au cours des dernières

journées écoulées, les élections ont eu lieu confor-
mément aux prescriptions de la loi.

XIII

Cette fois, en vertu du sauf-conduit dont il est
porteur, l'envoyé a pu effectuer son voyage par
les voies les plus rapides.

Le 7 mars, un ordre du commandant de Bitche
expose la situation :

ORDRE DE LA PLACE

M. le capitaine Mondelli, envoyé en mission auprès du
gouvernement français, est de retour.

Cet officier a rempli sa mission avec le plus grand dévouement.

Il n'a pu attendre les instructions qui vont nous être envoyées pour l'évacuation de la Place, mais il a rapporté des
lettres du ministre, par lesquelles Son Excellence me charge
d'adresser en son nom des félicitations à la garnison sur son
courage, sa patience et son dévouement.

Le ministre de la guerre demande également, avec un rapport sur les opérations du siége, l'état des récompenses accordées et celui de nouvelles propositions pour de nouvelles
récompenses.

Les préliminaires de paix étant approuvés par l'Assemblée
nationale, et le territoire que nous occupons devant être cédé,
l'évacuation de la place est prochaine et inévitable.

Bientôt nous nous retrouverons au milieu de nos frères d'armes de l'intérieur, et nous pourrons nous montrer fiers, malgré les malheurs qui accablent notre patrie, d'avoir tenu bon jusqu'à la fin de la guerre, sans nous laisser aller au découragement en voyant tant de places tomber l'une après l'autre au pouvoir de l'ennemi, malgré une résistance souvent héroïque.

Les travaux de défense proprement dits cesseront dès aujourd'hui et il ne sera plus commandé que les travailleurs nécessaires pour les travaux d'urgence et d'entretien.

A dater d'aujourd'hui, 7 mars, la ration de riz sera portée de 40 à 60 gr.; la ration de foin sera également portée à 2 kilog.

Le commandant de la place,

TEYSSIER.

En conséquence de cet ordre, on se prépare à l'évacuation lorsque, dans la soirée du 9, un parlementaire se présente, porteur d'un télégramme en langue allemande, qui est traduit ainsi :

Au colonel Kollermann.

Colonel,

Comme Bitche, d'après l'article 1ᵉʳ du traité de paix, est cédé à l'Allemagne, le commandant de place, *sur l'ordre du comte de Moltke,* doit être *sommé* immédiatement de l'évacuer et d'abandonner avec ses troupes le territoire allemand, *par le chemin le plus court.* Les gros bagages peuvent être expédiés plus tard. La terminaison ne peut être différée par le commandant *faute de wagons.*

Strasbourg, 9 mars 1871.

Signé : Comte DE BISMARCK-BOEHLEN,

A cet ultimatum, le commandant de la place répond :

Bitche, 10 mars 1871.

A Monsieur le colonel Kollermann.

Monsieur le colonel,

Je n'ai pas encore eu connaissance, d'une manière officielle, du traité de paix; je sais néanmoins qu'il existe un traité. Il est de droit international que le commandant d'une place ne l'évacue point, — même par cession de territoire, — sans une notification de son gouvernement.

L'officier que j'avais envoyé à Paris est de retour depuis plusieurs jours et il m'a rapporté l'assurance, de la part du ministre de la guerre par intérim, qu'un officier me serait envoyé porteur d'instructions écrites, dès que les conditions d'évacuation seraient arrêtées entre les deux 'gouvernements. J'attends, d'un instant à l'autre, l'arrivée de cet officier, ou tout au moins des instructions écrites.

N'ayant point de télégraphe à ma disposition, je vous serai fort obligé de faire parvenir deux copies de la dépêche ci-jointe, l'une à M. le ministre de la guerre, à Bordeaux; l'autre à M. le ministre de la guerre par intérim, à Paris :

« Monsieur le ministre, je reçois avis de sommation d'avoir à évacuer immédiatement la place et de quitter le territoire allemand par le chemin le plus court. J'attends un officier, venant de votre 'part ou des instructions écrites sur ce que je dois faire du matériel, des vivres, des munitions, et de l'armement. Sur quel point de la France nous dirigerons-nous? Que faire des douaniers ? »

« *Le commandant de la place,*

« Teyssier. »

Il était impossible de mieux concilier les devoirs du patriote avec les obligations du soldat.

Afin de ne perdre point de temps au moment où viendront les ordres attendus, on démonte les pièces de 24 et de 12, on les transporte à la gare ; dans l'esprit du conseil de défense, ce matériel conservé à la France au prix de si lourds sacrifices doit rester la propriété du pays. Le 12, un officier ennemi apporte la dépêche suivante, signée du ministre des affaires étrangères :

Je m'étonne que vous n'ayez reçu ni officier, ni ordre de M. le ministre de la guerre. Je l'ai prévenu depuis plusieurs jours. Vous devez sortir avec les honneurs de la guerre, vos armes, vos drapeaux, vos archives, et regagner les premiers postes français par la voie la plus courte. Ceci est entendu avec l'autorité allemande.

JULES FAVRE.

Le commandant de place ne saurait se tenir pour satisfait ; il écrit au chef des troupes d'investissement :

Bitche, 13 mars.

Monsieur le colonel,

J'ai reçu hier au soir la dépêche de M. Jules Favre que vous m'avez fait l'honneur de me transmettre. L'avis contenu dans cette dépêche me donne l'espoir que je recevrai très prochainement l'officier envoyé par M. le ministre de la guerre, avec un ordre écrit, mesures sans lesquelles je ne puis quitter le poste que j'occupe. Le ministre de la guerre peut seul donner les ordres nécessaires pour que l'évacuation de la place se fasse dans les conditions convenues entre les deux gouvernements.

Si, comme je n'en doute pas, vous avez eu la complaisance de faire parvenir mes deux dépêches télégraphiques du 10 courant, un officier doit être en route en ce moment, ou tout au moins une dépêche écrite authentique. Je prends toutes les dispositions pour une prompte évacuation, aussitôt l'ordre reçu.

Le commandant de la place,

TEYSSIER.

La vérité est qu'un codicille spécial à Bitche a été signé à Ferrières, le 11 mars; mais le gouvernement a négligé l'envoi de ce document important.

Son silence se prolongeant, le conseil de défense, autant pour se procurer les sommes que nécessiteront les frais de route que pour soustraire à l'ennemi la plus grande quantité possible des ressources que renferme la place, ordonne la vente aux enchères du vieux matériel, d'une partie des vivres, de matériaux de démolition, d'armes hors de service. La plupart de ces débris sont achetés, pour une centaine de mille francs, par l'usine métallurgique de Niederbronn. Les Prussiens n'en permettent l'enlèvement que sous la réserve expresse de reprendre tous leurs droits, en cas de contestations ultérieures avec l'autorité supérieure française.

Mettant à profit la circonstance, nos soldats bouleversent les travaux qu'ils ont édifiés de leurs mains; ils arrachent de leurs gonds les portes, les fenêtres; ils achèvent de détruire les édifices restés debout au fort, enlèvent jusqu'aux palissades des avancées, jusqu'aux grilles en fer qui bordent les ponts-levis.

Une émotion triste et douce à la fois remplit la journée du 15 mars. Les troupes sont convoquées dans le camp retranché pour recevoir, des délégués de Bitche, un drapeau que leur offrent les habitants. Cette solennité est l'occasion des démonstrations les plus touchantes :

« Ce drapeau, dit le colonel Teyssier dans un éloquent ordre du jour, sera présenté au chef de l'État, auquel je demanderai qu'il soit déposé au musée d'artillerie jusqu'au jour où il pourra être rapporté ici par une armée française valeureuse et triomphante. »

Ce dépôt, nous avons le regret de le constater, n'a pas été effectué encore.

Quelques heures plus tard, une députation des dames de Niederbronn apporte au commandant de la place un bouquet et une couronne de lauriers, témoignages de reconnaissance en souvenir de la valeureuse défense de Bitche.

Certains d'entrer bientôt dans la forteresse, les

Allemands permettent aux populations environnantes d'en visiter les ruines ; nos chefs redoublent de surveillance, fermement résolus à ne se retirer que sur les instructions en règle du gouvernement. Ces instructions se font toujours attendre, les soldats commencent à murmurer, des symptômes de découragement se manifestent. Une fois encore, le capitaine Mondelli se dévoue.

Muni de son sauf-conduit, qui pourtant était périmé, et sans se demander si, en cas d'arrestation, il serait considéré comme belligérant, il quitte Bitche le 18 mars. Il est à Paris le 19. Il cherche le gouvernement. Il n'y a plus de gouvernement : la sédition est maîtresse de la capitale. Le nouveau débarqué vole au ministère : le ministère est occupé par la garde nationale. Un fédéré obligeant lui indique la nouvelle adresse du pouvoir régulier. M. Mondelli se transporte à Versailles.

XIV

A Bitche, pendant ce temps, la situation s'aggrave dans des proportions inquiétantes. Pour la troisième fois, la garnison est sommée d'avoir à évacuer dans les quinze heures, sous peine d'être considérée « comme usurpatrice du territoire allemand » (textuel), et de subir tous les risques qui s'attachent aux belligérants.

Le 22 mars, un mouvement des troupes allemandes resserre le blocus ; de Strasbourg et de Hagueneau, l'ennemi attend des pièces de gros calibre. La citadelle n'a-t-elle donc aussi opiniâtrement résisté que pour plier devant une menace ? Non. Les soldats courent s'atteler aux pièces qu'ils ont descendues dans la ville ; tout se prépare pour affronter un quatrième bombardement.

Il ne faut pas moins que les accablantes nouvelles transmises du dehors par des intermédiaires sûrs, pour déterminer le commandant de place à entrer dans la voie des transactions. Le déchaînement de l'insurrection parisienne peut devenir, de la part des Prussiens, un prétexte de rupture ; peut-être leurs injonctions ne traduisent-elles que le secret désir de rouvrir les hostilités. Le conseil de défense envisage froidement la situation ; il émet l'avis qu'une convention doit être conclue et cette résolution est portée à la connaissance du quartier général allemand.

C'est la première, l'unique occasion où les défenseurs de Bitche aient fait intervenir dans leurs décisions une considération politique. Encore,

cette considération se rattache-t-elle étroitement
à la question militaire, puisqu'elle repose sur la
perfidie supposée de l'adversaire.

Une première entrevue a lieu le 22, pour les
négociations, sous les glacis du fort, en avant de
la porte de Strasbourg. Elle n'aboutit point. Une
deuxième entrevue est fixée pour le 23. Le négociateur envoyé par le colonel Kollermann déclare
que la place ne saurait être évacuée sans que les
soldats laissent leurs armes. En outre, le commandant de la citadelle devra se rendre à Lemberg à
la disposition du commandant des forces bavaroises.

De telles conditions allaient entraîner la rupture
des pourparlers, lorsque le colonel Kollermann
entra dans la salle des conférences.

— Je n'ignore pas, entre nous, que la paix est
conclue, lui dit le lieutenant-colonel Teyssier ;
mes rapports avec l'extérieur, la liberté des allées
et venues autour de la place, la facilité accordée
pour les élections, la réception régulière des journaux me sont autant de garants du fait accompli.
Mais le règlement est là : un soldat ne connaît que
le règlement.

— En ce cas, tant pis! réplique Kollermann,
j'ai reçu des ordres formels.

Et le chef allemand tend une dépêche qui ren-

ferme, en effet, les instructions les plus rigou-
reuses.

Les termes de la convention sont longuement
discutés. Les nôtres s'élèvent énergiquement contre les prétentions de l'ennemi. Leurs revendications obtiennent gain de cause; les troupes em-
porteront leurs canons de campagne avec leurs
armes et sortiront enseignes déployées; l'évacuation s'accomplira en trois convois fournis par
l'autorité allemande; les troupes bavaroises n'entreront dans la place qu'après que les troupes
françaises en seront sorties; les soldats français
n'auront pas à défiler devant les soldats allemands;
les premiers sortiront par la porte de Strasbourg,
les seconds entreront par la porte de Phalsbourg:
il n'y aura pas d'honneurs de la guerre, puisqu'il n'y a pas capitulation. Le commandant de la
place consent pour lui à une clause qu'il n'eût
acceptée pour nul autre : Ne quitter Bitche qu'a-
près le règlement définitif des affaires de la place.
Apparemment, les Allemands considèrent le colonel Teyssier comme capable de faire sauter le
fort après le départ des Français : ils n'ont pas
oublié Laon.

Dans la soirée est publié l'ordre suivant, —
hélas ! le dernier :

ORDRE DE PLACE

Officiers, sous-officiers et soldats de la garnison de Bitche,

Depuis l'adoption des préliminaires de paix par l'Assemblée nationale, nous savions que nous étions appelés à quitter Bitche d'un instant à l'autre, n'attendant pour partir qu'un ordre officiel qui n'est point encore arrivé, malgré le zèle et le dévouement infatigables de M. le capitaine Mondelli, qui s'est remis en route pour la quatrième fois.

Après plusieurs sommations, l'armée allemande, qui tient absolument à occuper Bitche, a fait une démonstration significative en investissant la place de nouveau et en la menaçant d'un quatrième bombardement.

La reprise des hostilités était imminente et il n'était point possible d'en calculer les suites et la portée, non pour nous dont le rôle resterait le même, mais pour la France.

Faisant taire des répugnances personnelles et fortifié par l'avis unanime du conseil de défense, le commandant de la place a consenti — non sans peine — à une convention d'évacuation d'après laquelle les troupes commenceront à quitter Bitche demain, pour être reconduites dans l'intérieur de la France.

Le commandant de la place restera à Bitche jusqu'au règlement définitif des affaires de la place ; mais, avant votre départ, il veut vous laisser un nouveau témoignage de sa reconnaissance pour le concours que chacun de vous a apporté à l'œuvre commune de la défense de la place. Il remercie en particulier les membres du conseil de défense, dont les avis éclairés et unanimes l'ont aidé à supporter le poids de [la responsabilité dans les circonstances difficiles.

Les chefs de corps et de service ont tous rivalisé de zèle

12.

et d'intelligence pour assurer à leurs subordonnés, ainsi qu'à leurs administrés, tout le bien-être et tout le confortable compatibles avec les difficultés de la situation.

Tous les corps, toutes les armes ont si bien concouru au même but, que je ne saurais leur adresser des éloges en particulier.

Un peu plus tard, chacun de nous sera fier de pouvoir dire : « J'étais de la garnison de Bitche ! » Le drapeau qui nous a été donné comme gage de reconnaissance par les habitants de Bitche résume cette pensée, et je voudrais que chaque corps pût le porter à son tour.

La garnison partant en chemin de fer en plusieurs convois, ce drapeau sera porté au 54e de marche, qui est le corps le plus nombreux et composé des éléments les plus divers.

Braves camarades, je vous serre la main à tous, et je vous dis : Au revoir !

Bitche, le 23 mars 1871.

Le commandant de la place,

TEYSSIER.

Le 25, le capitaine Mondelli, de retour de Versailles, se croise avec les premières troupes qui évacuent la ville. Il est porteur d'instructions détaillées qui visent les armes, les bagages et nullement l'artillerie. On s'en tient donc aux conditions obtenues, incontestablement plus favorables.

Tout est fini, cette fois... Le 27 mars, à midi, pendant qu'un dernier convoi d'évacuation emporte les canons et ce qui reste des troupes françaises, les Bavarois pénètrent dans la cité, dont les ruines noircies symbolisent le deuil. Quels adieux, à chaque départ, entre nos soldats et les habitants de la ville! Les mains se rencontrent dans de muettes étreintes ; les regards enfiévrés s'obscurcissent de pleurs : revenez, semblent-ils dire, revenez bientôt; la douleur nous tuera, si vous retardez trop le jour de la délivrance !

Comme le capitaine d'un navire en détresse, le commandant de la place quittera le dernier son bord. Quelque cruelle que soit sa situation, fidèle jusqu'au bout au devoir et à l'honneur, il attendra qu'il plaise à l'autorité allemande de déclarer les affaires réglées. Il est traité, ajoutons-le, avec tout le respect qne méritent sa bravoure et sa loyauté. Le 31 mars, on lui délivre un sauf-conduit. Deux sous-officiers, le tambour-major Vincent, du 49ᵉ de ligne, et le sergent Richard, du 68ᵉ de ligne, resteront chargés de la conservation et de l'expédition des colis laissés par le 5ᵉ corps.

Faute de vêtements décents, le lieutenant-colonel Teyssier est forcé de retarder de deux jours son départ. En accourant à Bitche, au début des hostilités, il avait dû abandonner ses malles à Thionville. Les huit mois qui venaient de s'écouler, il les avait passés, sans désemparer, vêtu du même costume. Pendant le même temps, ce modeste héros avait occupé, pour toute habitation, une cave de l'arsenal, dans laquelle il avait déposé ses archives. Après l'incendie de l'arsenal, le sous-sol avait été inondé par les pluies et par la fonte des neiges : tous ceux qui visitèrent, dans son triste réduit, le commandant de la place, ont conservé de ce séjour une impression profonde.

Du reste, les bagages du lieutenant-colonel Teyssier n'ont jamais été retrouvés. Expédiés de Thionville le 5 août, ils avaient fait partie d'un convoi pillé par les Prussiens aux environs de Metz. Ses effets personnels, ses papiers, sa bibliothèque, une collection de médailles qu'il avait travaillé vingt ans à réunir, tout avait disparu.

Le vaillant officier fait route pour Versailles, où l'a précédé le 54e de marche. Le voyage du régiment de Bitche a été une longue ovation. En Lorraine, en Alsace, sur tout le parcours, les populations se sont précipitées au devant de cette poignée de braves, au cri de : *Vive la France!* A Hagueneau, à Bischwiller, les manifestations ont tenu du délire. A Saverne, au milieu de la nuit, les dames de la ville ont pavoisé de fleurs nos canons. A Épinal, l'enthousiasme n'a pas été moindre, malgré l'intervention des baïonnettes prussiennes. A Nevers, dans une chaleureuse allocution : « Au nom de l'armée et de la France, a dit le général commandant la subdivision, je vais demander à l'Assemblée qu'une médaille commémorative soit frappée en l'honneur des défenseurs de Bitche. » Sans la guerre civile qui déchire Paris, quelles émotions n'accueilleraient pas la courageuse garnison rentrant avec son drapeau, avec ses armes, avec ses canons ! Quel adoucissement aux rigueurs qui, partout, ont accablé nos armées moins heureuses, — non moins vaillantes !

Mais la terrible insurrection absorbe l'attention du pays. La résistance de Bitche passe à peu près inaperçue dans les départements. Il n'en a pas été de même en Alsace où, à l'appel d'un comité auquel appartenait M. Diehl, notaire, dont nous avons eu déjà l'occasion de mentionner le nom, une souscription volontaire avait produit tout près de 200,000 francs. La conclusion de la paix avait rendu inutile ce sacrifice que s'imposait l'Alsace occupée par la Prusse et ruinée par la guerre...

A Versailles, le lieutenant-colonel Teyssier est reçu par le chef du pouvoir exécutif et par les ministres. M. Thiers le félicite de sa noble conduite. Le ministre de la guerre lui annonce sa nomination au grade de colonel.

Pendant ce temps, notre frontière de l'Est était le théâtre d'un incident qui forme comme l'épilogue naturel du récit que l'on vient de lire.

Dans l'armée allemande, l'ocupation de Bitche avait donné naissance à un conflit. Les Prussiens avaient prétendu prendre possession de la place ; les Bavarois n'avaient obtenu qu'à grand peine d'y séjourner, les premiers, pendant quelques journées.

L'arrivée des Bavarois s'était effectuée sans apparat ; les Prussiens voulurent une entrée triomphale : leur détachement fut pourvu d'un corps de musique. Cette troupe, voyageant en chemin de fer et en un seul convoi, avait été dirigée sur Bitche par la vallée de Niederbronn. Arrivé au Bhan-Stein, le convoi patinait au pied d'une rampe qu'il ne pouvait gravir. Les Allemands ont alors l'idée d'adapter au train trois machines : deux en tête et une en queue. Fatale inspiration ! La machine de l'arrière pousse les wagons les uns sur les autres ; il en résulte un effroyable désastre : quatre voitures du convoi sont écrasées, celles, précisément, qui transportaient les musiciens !

Depuis de longues heures l'autorité militaire de Bitche attendait, lorsque le bruit se répandit qu'un déraillement s'était produit, dû à la malveillance des habitants de la vallée.

M. Lamberton, l'ancien président de la commission municipale, se rendit au Bhan-Stein afin de s'assurer de la vérité ; elle était cruelle pour les Prussiens : ils avaient vingt-trois morts et un nombre considérable de blessés.

Aussi, le lendemain, leur entrée dans la place fut-elle lugubre. Au lieu d'une fête, un deuil. Les camarades des victimes montraient le poing à la forteresse ; ils maudissaient tout haut ceux à l'esprit desquels était venue la pensée de leur préparer un triomphe qu'ils n'avaient pas mérité...

Tel fut le siége de Bitche. Il était digne d'un souvenir.

N'ambitionnant d'autre rôle que celui de narrateur fidèle, nous nous sommes renfermé dans un exposé scrupuleusement exact, laissant aux faits leur éloquence.

Les grands exemples fortifient, encouragent, relèvent une nation.

Bitche est un grand exemple.

Sur cette page sans tache doivent rester inscrits des noms dont notre pays gardera l'éternelle mémoire.

FIN

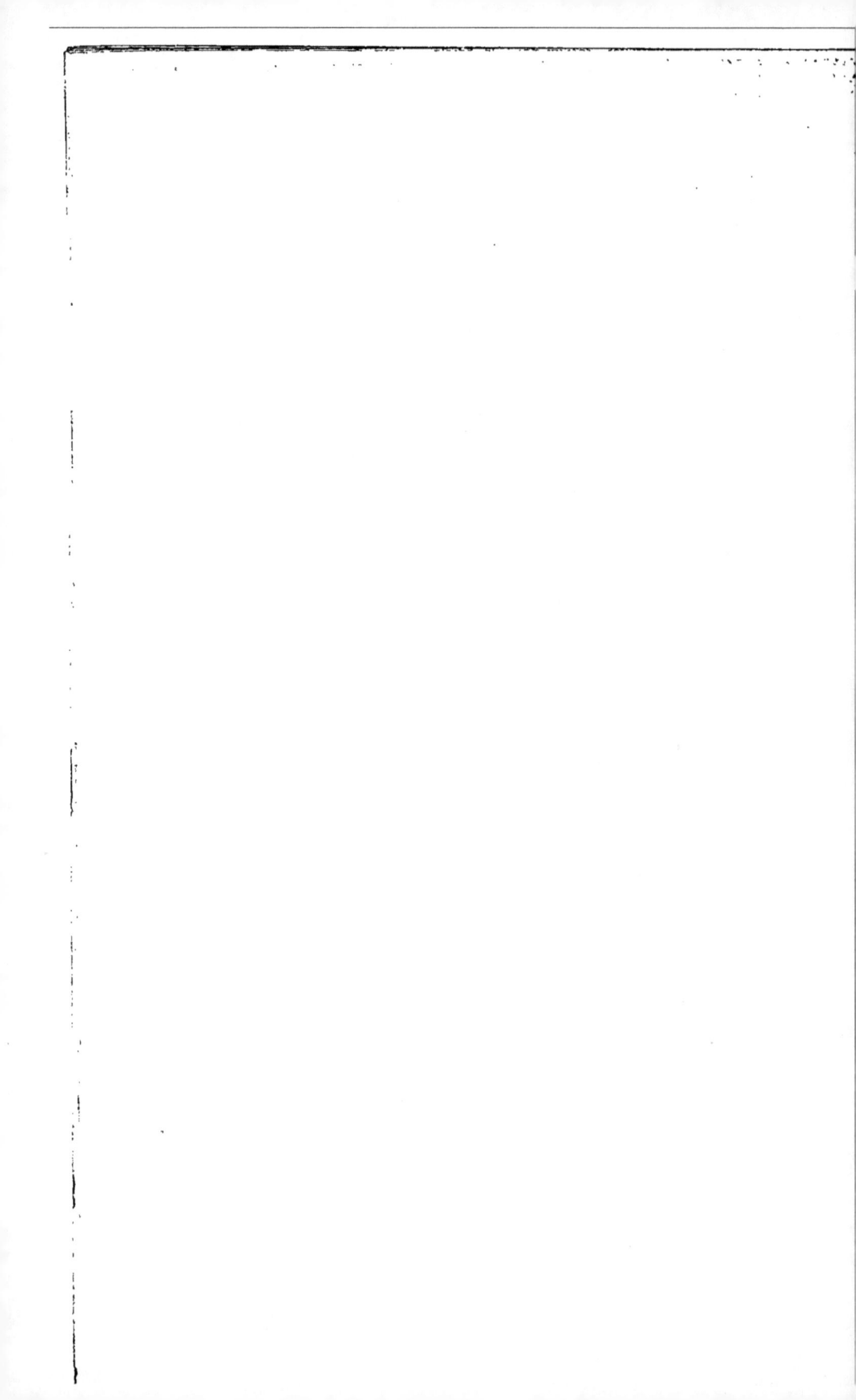

www.ingramcontent.com/pod-product-compliance
Lightning Source LLC
Chambersburg PA
CBHW050023100426
42739CB00011B/2762